essentials

Essentials liefern aktuelles Wissen in konzentrierter Form. Die Essenz dessen, worauf es als „State-of-the-Art" in der gegenwärtigen Fachdiskussion oder in der Praxis ankommt. Essentials informieren schnell, unkompliziert und verständlich

- als Einführung in ein aktuelles Thema aus Ihrem Fachgebiet
- als Einstieg in ein für Sie noch unbekanntes Themenfeld
- als Einblick, um zum Thema mitreden zu können.

Die Bücher in elektronischer und gedruckter Form bringen das Expertenwissen von Springer-Fachautoren kompakt zur Darstellung. Sie sind besonders für die Nutzung als eBook auf Tablet-PCs, eBook-Readern und Smartphones geeignet.

Essentials: Wissensbausteine aus den Wirtschafts, Sozial- und Geisteswissenschaften, aus Technik und Naturwissenschaften sowie aus Medizin, Psychologie und Gesundheitsberufen. Von renommierten Autoren aller Springer-Verlagsmarken.

Simon Hahnzog

Gesunde Führung

Impulse für den Mittelstand

Prof. Dr. Simon Hahnzog
hahnzog – organisationsberatung
München
Deutschland

ISSN 2197-6708 ISSN 2197-6716 (electronic)
essentials
ISBN 978-3-658-10378-1 ISBN 978-3-658-10379-8 (eBook)
DOI 10.1007/978-3-658-10379-8

Die Deutsche Nationalbibliothek verzeichnet diese Publikation in der Deutschen Nationalbibliografie; detaillierte bibliografische Daten sind im Internet über http://dnb.d-nb.de abrufbar.

Springer Gabler

Gedruckt auf säurefreiem und chlorfrei gebleichtem Papier

Springer Fachmedien Wiesbaden ist Teil der Fachverlagsgruppe Springer Science+Business Media (www.springer.com)

Was Sie in diesem Essential finden können

- Eine fundierende Einführung in die gelungene Praxis gesunder Führung
- Den nachvollziehbaren Zusammenhang zwischen Führungsarbeit und Betrieblicher Gesundheitsförderung
- Praktische Impulse zur Weiterentwicklung der eigenen Führungsrolle

Vorwort

Führung nimmt im Rahmen der Arbeit *die* zentrale Rolle für die Gesundheit aller Beteiligten ein – inklusive der (betriebswirtschaftlichen) Gesundheit des Unternehmens. Führungskräfte können durch ihr Verhalten sowohl einen erheblichen Schutzfaktor für die (psychische) Gesundheit ihrer Mitarbeiter als auch ein bedeutsames Gesundheitsrisiko darstellen – sich selbst eingeschlossen. Im Rahmen einer professionellen Gestaltung der betrieblichen Gesundheit sollte daher der Wirkungsebene der Führung eine besondere Aufmerksamkeit gewidmet werden. Das vorliegende Essential greift diesen Leitgedanken aus dem Sammelband *Betriebliche Gesundheitsförderung – Das Praxishandbuch für den Mittelstand* (Hahnzog 2014) auf und vertieft ihn praxisnah mit zahlreichen Impulsen für Führungskräfte, insbesondere in kleinen und mittelständischen Unternehmen (KMU). Denn vor allem in einem Betrieb dieser Größe muss für den nachhaltigen Erfolg ein sorgsames Augenmerk auf dessen bedeutsamste Ressource gerichtet werden: seine Mitarbeiterinnen und Mitarbeiter[1].

[1] Aus Gründen der Lesbarkeit beschränken sich die weiteren schriftlichen Darstellungen auf das männliche Geschlecht. Soweit nicht anders gekennzeichnet, beziehen sich die Ausführungen auf Frauen und Männer in gleichem Maße.

Inhaltsverzeichnis

1 Einleitung 1

2 Grundlegendes 3
- 2.1 Was ist Gesundheit? 5
- 2.2 Was ist Führung? 7
- 2.3 Führen und führen lassen 10

3 Führung und Betriebliche Gesundheitsförderung 13
- 3.1 Sich selbst führen 16
- 3.2 Die Anderen führen 17
- 3.3 Das Geschäft führen 19
- 3.4 In der Umwelt führen 19

4 Gesunde Führung auf drei Entwicklungsfeldern 21
- 4.1 … mit Kopf, ... 22
- 4.2 … mit Herz, ... 28
- 4.3 … und mit Hand 32

5 Fazit 39

Was Sie aus diesem Essential mitnehmen können 41

Zum Weiterlesen 43

1 Einleitung

Führung hat mit Persönlichkeit, mit Kultur und mit zwischenmenschlichem Kontakt zu tun. Führung ist etwas sehr Persönliches und funktioniert nicht aus der Distanz. Aus diesen Gründen habe ich mich entschlossen, dieses Essential in der Ich-Form zu schreiben. Die Ausführungen spiegeln meine Vorstellungen gesunder Führung wider, wie ich sie in der Beratung und in Trainings vermittle, aber auch selbst in der Praxis umzusetzen versuche: Einerseits bilden sie mein Führungsideal an dem ich mich selbst als Führungskraft immer wieder messen muss. Andererseits bringen sie zum Ausdruck welche Bedürfnisse ich habe, wenn ich geführt werde. Auch wenn ich meinen Ansatz der gesunden Führung gut belegen und auf Erfahrungen wie auf wissenschaftliche Erkenntnisse zurückführen kann, bleibt es mein Verständnis. Und dies kann ich am besten unterstreichen, indem ich mich selbst in dieser Ausdrucksform einbringe. Ich bin sehr überzeugt von meinen Ansichten, würde aber nicht so weit gehen, diese als „Wahrheiten" zu deklarieren. Ich habe mich bewusst für die Formulierung „Impulse" entschieden, denn als solche können die folgenden Ausführungen in jedem Fall dienen. Wie genau sie dann zur individuellen Arbeitsweise, zu den Mitarbeitern oder zum Unternehmen passen, ist weniger bedeutsam als vielmehr die Gedanken, die meine Impulse ausgelöst haben.

Dieses Essential richtet sich explizit an Führungskräfte in mittelständischen Unternehmen. Meine Anregungen können sicher auch größeren Unternehmen Impulse geben, um ihre Führungsarbeit gesünder zu gestalten. Ich beziehe meine Expertise aber vor allem aus der Beratung von KMU und habe beim Schreiben immer diesen organisationalen Rahmen vor Augen. Zudem unterscheiden sich die Möglichkeiten zur Entwicklung der Führungsarbeit, deren Wirkung und die zugrundeliegende Kultur in KMU von denen höherer Größenordnung. Führung wirkt in KMU noch direkter auf alle Beteiligten, da die Netzwerke überschaubarer und der Einfluss nicht nur auf die Mitarbeiter, sondern auf die ganze Organisation unmittelbar ist.

S. Hahnzog, *Gesunde Führung,* essentials, DOI 10.1007/978-3-658-10379-8_1

Versucht man, sich mit der professionellen Gestaltung von gesunder Mitarbeiterführung auseinander zu setzen, so ist es zunächst weniger bedeutsam, die „richtigen" Antworten präsentiert zu bekommen. Vielmehr ist es entscheidend, sich die richtigen Fragen zu stellen. Eine allgemeine Lösung für die Gestaltung gesunder Führung nach dem Gießkannenprinzip macht keinen Sinn. Führung ist individuell mit der Person des Führenden, den zu führenden Mitarbeitern und dem Unternehmen verknüpft. Alle Beteiligten müssen ihre eigenen Antworten finden.

Daher verstehe ich dieses Buch als interaktiven Austausch. Ich lade Sie von Anfang an dazu ein, sich Ihre eigenen Gedanken zu machen. Schauen Sie sich immer wieder auf die eigene Nasenspitze und bleiben Sie kritisch. Halten Sie Ihre Gedanken am besten in Form kurzer Notizen fest und tauschen Sie sich nach Möglichkeit auch noch mit Anderen zu Ihren Überlegungen aus. Fangen wir gleich damit an:

Aufgabe

Klappen Sie mein Essential zu und gehen Sie in den nächsten Schreibwarenladen. Dort besorgen Sie sich ein Notizbuch, in welchem Sie Ihre Gedanken und Überlegungen festhalten können. Greifen Sie ruhig zu einem schönen, gebundenen Exemplar. In diesem Notizbuch wird es schließlich um Sie gehen – und diese Wertschätzung haben Sie in jedem Fall verdient.

Wenn Sie *Ihr* Notizbuch gefunden haben, schreiben Sie Ihren Namen ganz vorne hinein und überlegen sich einen passenden Titel, den Sie auf der ersten Seite festhalten.

Bis gleich.

Ich werde Ihren Lesefluss immer wieder durch Aufgaben unterbrechen. Hierzu ein Hinweis: Bei Ihrer Suche nach Antworten auf meine Fragen gibt es keine „richtigen" Antworten oder gar Musterlösungen. Sie sollten die Haltung eines „naiven Forschers" einnehmen, der Entdeckungen macht, die schon bekannt aber eben auch neu und sehr wichtig sein können.

Grundlegendes 2

Wir Menschen sind *soziale Wesen.* Wir sind bedingungslos auf den Kontakt zu anderen Menschen angewiesen und entwickeln einen Großteil unserer Kompetenzen und unserer Persönlichkeit erst im Austausch mit unserer sozialen Umwelt. Doch nicht nur unsere Entwicklung findet großteils durch diesen Prozess der Sozialisation statt, auch Arbeit ist erst durch die Interaktion mit anderen möglich. Und vor allem die Aufgabe der Führung ist zwingend auf den Austausch mit anderen Menschen angewiesen, erhält erst dadurch einen Sinn. Die Eigenschaft als soziales Wesen bringt mit sich, dass unser Verhalten sowohl von uns selbst – unserer Persönlichkeit – als auch von unserer Umwelt beeinflusst wird. Allerdings lassen wir die „Macht der Situation" gerne außer Acht, wenn wir das Verhalten anderer Menschen beurteilen. Sie sollten nie vergessen, dass das Verhalten von Mitarbeitern wie von Führungskräften immer auch dem situativen Rahmen zuzuschreiben ist, in dem sie sich bewegen.

Aufgabe

Nehmen Sie Ihr Notizbuch zur Hand und machen Sie sich Ihre ganz persönliche Sozialisationsgeschichte bewusst, indem Sie stichpunktartig die folgenden Fragen beantworten. Dabei kommt es nicht auf einen bestimmten Umfang Ihrer Antworten an, sondern vielmehr auf lebhafte Bilder und Erinnerungen, die Sie in Ihrer Vergangenheit zu dem haben werden lassen, der Sie heute sind:

- Welche Werte und Grundsätze haben Sie von Ihren Eltern mit auf den Weg bekommen?
- Welche in Schule und Ausbildung oder Studium?
- Welche durch Ihre Berufserfahrung?

S. Hahnzog, *Gesunde Führung,* essentials, DOI 10.1007/978-3-658-10379-8_2

Im täglichen Umgang miteinander werden nicht nur wir von den Anderen beeinflusst, sondern wirken umgekehrt auch auf unser Gegenüber: Unsere Verhaltensweisen sind durch Rückkopplungen mit unserer (sozialen) Umwelt gekennzeichnet. Diese *wechselseitige* Beeinflussung macht es notwendig, dass wir in eine Interaktion zueinander treten, in einen kommunikativen Austausch. Professionelle Kommunikationsfertigkeit ist daher eine grundlegende Voraussetzung gesunder Führung. Damit Sie Ihren kommunikativen Werkzeugkoffer wieder etwas erweitern können, habe ich im vierten Kapitel einige Methoden und Anregungen zur Weiterentwicklung Ihrer Gesprächskompetenz zusammengestellt.

Als dritten Grundbaustein meiner Überlegungen zur gesunden Führung möchte ich Sie mit dem Ansatz des Konstruktivismus vertraut machen: Wir gehen in der Regel davon aus, dass unsere Sicht der Dinge, die zutreffende ist – oder dass es zumindest eine „richtige", „wahre" Wirklichkeit gibt. Dem ist aber nicht so. Vielmehr *konstruiert* sich jeder von uns seine ganz eigene, für sein Handeln praktikable, emotional und gedanklich ausgestattete Wirklichkeit vor dem Hintergrund seiner Erfahrungen. Für den einen Mitarbeiter stellt der Change-Prozess die ersehnte Möglichkeit dar, sich weiterzuentwickeln – für den anderen bedeutet es den schmerzhaften Verlust von bewährten Arbeitsprozessen. Vor allem in der wechselseitigen Kommunikation lassen wir diese Vielfalt der Interpretationsmöglichkeiten gerne außer Acht und behaupten im Konflikt schnell, dass wir etwas „so nie gesagt" hätten oder der Andere das „völlig falsch verstanden habe". Sicher, es ist weder möglich noch sinnvoll, in jeder Situation alle (un)möglichen Wirklichkeiten aller Anwesenden zu diskutieren, aber als gute Führungskraft sollten Sie zumindest im Hinterkopf haben, dass man eine „Tatsache" auch ganz anders sehen kann. Vielleicht versteckt sich dahinter ja sogar doch eine hilfreiche Idee.

Aufgabe

Jetzt ist es wieder Zeit für Ihr Notizbuch:

Welche „Wahrheiten" begleiten Ihren beruflichen Alltag?

Notieren Sie eine Sammlung aller Aspekte, die Ihrer Meinung nach „selbstverständlich", „eindeutig" oder „klar" sind. Es könnte sein, dass Sie genau zu diesen Themen einiges von Ihren Mitarbeitern lernen können – oder umgekehrt diese von Ihnen.

Eine letzte Anmerkung betrifft die Begrifflichkeiten, mit denen ich in diesem Essential arbeite. Im englischen Sprachgebrauch wird zwischen zwei unterschiedlichen Aufgabenfeldern bei der Leitung von Mitarbeitern unterschieden: „*Management*" und „*Leadership*". Die deutschen Äquivalente sind demnach: „Verwaltung" und „Führung“. Folgt man zahlreichen Theorien und Ansätzen, die versuchen diese Aufgaben zu umschreiben und greifbar zu machen, so hat sich in den letzten zwei Jahrzehnten im deutschen Sprachraum allerdings eine Überbetonung des Verwaltungsaspektes breit gemacht. Es geht meistens um die „Manager“ wenn von Führungskräften gesprochen wird, das Thema „Leadership“ ist deutlich unterrepräsentiert. Dabei hat eine Leitungsaufgabe immer auch mit der Interaktion mit Menschen zu tun, besteht aus der Fähigkeit Visionen und Möglichkeiten zu vermitteln und die Mitarbeiter zu motivieren. Nicht, dass Sie mich falsch verstehen: Gute Führung benötigt gute Verwaltung – und umgekehrt. Aber dieses Essential handelt eben vom gegenseitigen Einfluss, den die beteiligten Menschen – Führungskräfte und deren Mitarbeiter – im Rahmen der Arbeit aufeinander haben. Es geht also keineswegs nur um Wortklauberei, wenn ich hier ausschließlich von „Gesunder Führung“ spreche. Auf jeden Fall leistet diese wiederum einen enormen Beitrag, um das Management eines Unternehmens zu professionalisieren.

2.1 Was ist Gesundheit?

Bevor ich beschreibe, wie Gesundheit definiert werden könnte, möchte ich Ihren Blick auf die andere Seite lenken, auf die Krankheit. Ich könnte mir vorstellen, dass Sie dieses Buch unter anderem deswegen zur Hand genommen haben, weil Sie in Ihrer Arbeit in irgendeiner Form mit den Auswirkungen von Krankheiten umgehen müssen, sei es mit einer eigenen Erkrankung oder mit der Arbeitsunfähigkeit Ihrer Mitarbeiter.

Die Statistiken der Krankenkassen geben auch durchaus Anlass dazu, aktiv zu werden. Vor allem die Diagnosen der psychischen Erkrankungen haben in den letzten Jahren beständig zugenommen. Insbesondere die Globalisierung, die Entwicklung neuer Technologien, die Veränderung von produzierenden zu dienstleistungsorientierten Wirtschaftssystemen, die alternde Belegschaft oder die verlängerte Lebensarbeitszeit führen demnach zu vermehrten psychosozialen und gesundheitlichen Gefährdungen am Arbeitsplatz (EU-OSHA 2013). 2012 stellten psychische Erkrankungen erstmals die zweithäufigste Krankheitsursache dar (Knieps und Pfaff 2014). Für den Arbeitgeber ist nicht nur die wachsende Häufigkeit bedeutsam, sondern vor allem die lange AU-Dauer psychischer Erkrankungen: Krankschreibungen aufgrund psychischer Leiden führen im Durchschnitt zu 40,1 Tagen Arbeitsunfähigkeit (ebd.). Damit dauern sie fast dreimal länger als alle anderen Erkrankungen (15,8 AU-Tage) und nehmen den Spitzenplatz in der Krankheitstagedauer ein. Durch psychische Erkrankungen entstanden 2008 in Deutschland Kosten in Höhe von 28,7 Mrd. € (Statistisches Bundesamt 2010). Sie machten insgesamt 11,3 % der Krankheitsgesamtkosten aus – Tendenz steigend. Die Krankheitskosten für psychische Erkrankungen stiegen von 2003 bis 2008 um über 5 Mrd. € und verursachen inzwischen einen Ausfall von 763.000 Erwerbtätigkeitsjahren in der gesamten deutschen Wirtschaft – der höchste Wert über alle Krankheiten (ebd.).

Nach einer psychischen Erkrankung sind die Betroffenen meist nicht sofort wieder voll einsatzfähig. Die berufliche Eingliederungsphase dauert oft ein Jahr oder länger und beginnt mit einer Wochenarbeitszeit von zehn Stunden über die ersten Monate, die nur schrittweise erhöht wird[1]. Das bedeutet, es bedarf einerseits viel Planungsgeschick seitens des Managements, um den Ausfall eines Mitarbeiters aus diesen Gründen zu kompensieren. Andererseits fordert es die Führungskraft in besonderem Maße, mit der Situation konstruktiv umzugehen. Dabei ist ein grundlegendes Wissen über die Zusammenhänge psychischer Störungen ein wichtiger Zugang, um angemessen zu reagieren (vgl. Stark und Maragkos 2014).

Nach diesen Einblicken, möchte ich jetzt wieder auf die eigentliche Frage dieses Abschnitts eingehen: *Was genau ist eigentlich Gesundheit?*

Die Antwort auf diese Frage dürfte bei Jedem unterschiedlich lauten, auch weil eine allgemeingültige Begriffsdefinition von Gesundheit – und Krankheit – nicht existiert (Beivers 2014). Damit gesunde Führung wirken kann, ist ein gemeinsames Minimalverständnis jedoch unerlässlich.

► Die Weltgesundheitsorganisation definiert in ihrer Verfassung von 1946:
„Die Gesundheit ist ein Zustand des vollständigen körperlichen, geistigen und sozialen Wohlergehens und nicht nur das Fehlen von Krankheit oder Gebrechen" (WHO 2014, S. 1).

Diese Grundlagenauffassung stellt für alle Mitgliedstaaten der WHO, für deren Bürger und Unternehmen eine zentrale Diskussionsgrundlage dar – somit auch für Sie.

Aufgabe

Gehen Sie den folgenden Fragen zunächst für sich selbst nach und halten die Ergebnisse in Ihrem Notizbuch fest:

- Was verstehen Sie unter Gesundheit?
- Welchen Beitrag leistet die Arbeit für die Gesundheit und deren Erhaltung?

[1] Nicht zuletzt aus diesem Grund empfiehlt sich die professionelle Einführung eines Betrieblichen Eingliederungsmanagement (BEM) in Ihrem Unternehmen (vgl. Huber 2014a) – verpflichtend vorgeschrieben ist BEM bereits seit 2004.

Jetzt ist es an der Zeit, über Ihr Notizbuch hinaus und in Ihre Führungsarbeit hinein zu gehen. Diskutieren Sie gemeinsam mit Ihren Mitarbeitern über diese beiden Fragen. Nehmen Sie Ihr Notizbuch ruhig mit.

Wie zentral dieses Thema in unserer Gesellschaft ist, zeigte der Werte-Index 2014 (Wippermann und Krüger 2013), in dem „Gesundheit" erstmals den vordersten Platz in der Wertehierarchie der Internetnutzer eingenommen hat, gefolgt von „Freiheit" und „Erfolg". Wenn Sie sich also mit dem Thema der gesunden Führung beschäftigen, so sprechen Sie ein zentrales Bedürfnis all Ihrer Mitarbeiter an.

Für die Gesundheit bei der Arbeit ist in Deutschland insbesondere das Arbeitsschutzgesetz (ArbSchG) bedeutsam (vgl. Pieper 2014).

► **„§ 4 Allgemeine Grundsätze**

1. Die Arbeit ist so zu gestalten, dass eine Gefährdung für das Leben und die physische und die psychische Gesundheit möglichst vermieden und die verbleibende Gefährdung möglichst gering gehalten wird" (Pieper 2014, S. 78).

„§ 15 Pflichten der Beschäftigten

1. Die Beschäftigten sind verpflichtet, nach Ihren Möglichkeiten [...] für Ihre Sicherheit und Gesundheit bei der Arbeit Sorge zu tragen. [Dementsprechend] haben die Beschäftigten auch für die Sicherheit und Gesundheit der Personen zu sorgen, die von I hren bei der Arbeit betroffen sind" (Pieper 2014, S . 82).

Rechtlich gesehen geht Gesundheit also alle Beteiligten im Unternehmen etwas an. Damit diese Verpflichtung in Ihrem Aufgabenbereich auch umgesetzt werden kann, bedarf es nicht nur einer stetigen Diskussion der Gesundheit, sondern vor allem auch der Art und Weise von Führung.

2.2 Was ist Führung?

Auch der zweite Leitbegriff dieses Essentials ist nicht einheitlich zu definieren. Meistens werden beobachtbare Verhaltensweisen, Auswirkungen oder Führungsstile beschrieben, um das Konstrukt greifbar zu machen.

► „Führung (in Organisationen) ist die Beeinflussung, Motivierung und Befähigung anderer, etwas zur Effektivität der Arbeitseinheiten und der Organisationen beizutragen" (GLOBE, zit. nach Jonas, Stroebe und Hewstone 2007, S. 470).

Durch Ihre Führungsarbeit unterstützen Sie demnach Ihre Mitarbeiter, besser zu arbeiten. Oder Sie überreden sie dazu – je nachdem auf welchen Aspekt dieses Definitionsversuchs Sie den Schwerpunkt legen. In diesem Verständnis ist die Person des Führenden von zentraler Bedeutung für das was im Rahmen der Führungsarbeit entsteht.

Einen anderen Zugang erhält man, wenn man vielmehr die für Führung notwendigen Verhaltensweisen und weniger die Person in den Vordergrund stellt:

- ▶ Führung strukturiert sich grundlegend aus *Interaktion, Erleichterung der Arbeit, Zielorientierung und Mitarbeiterorientierung* (Bowers und Seashore 1966).

So gesehen ist es also unerheblich, wer diese zentralen Verhaltensweisen zeigt, solange sich nur ausreichend Gruppenmitglieder dementsprechend verhalten. Für erfolgreiche Führung wäre es also vor allem wichtig, alle Beteiligten mit den entsprechenden Kompetenzen zu versehen bzw. sie dementsprechend auszuwählen.

Für meine Überzeugung dessen, was gesunde Führung ausmacht, und wie ich versuche meine Mitarbeiter zu führen, sind neben den bisherigen Überlegungen vor allem die Ansätze der relationalen (Radatz 2013), der ethikorientierten (Schmidt-Huber und Tippelt 2014) und der mitarbeiterorientierten Führung (BAuA 2013) kennzeichnend. Alle betonen die Bedeutung von Haltung und Kultur und weniger konkrete Maßnahmen oder Verhaltensweisen.

Demnach sollten Führungskräfte ihre Mitarbeiter begleiten. Sie sollten deren Arbeitsergebnisse in Hinblick auf die Erreichung eines unternehmerischen Gesamtergebnisses sichern. Zugleich sollten sie die Weiterentwicklung ihrer Mitarbeiter als Grundstein für Innovation und Zukunftsfähigkeit des Unternehmens fordern und fördern (Radatz 2013). Die Schaffung einer Vertrauenskultur ist eine der zentralen Aufgaben einer gesunden Führungskraft. Um dies zu erreichen, müssen Sie Ihre Mitarbeiter zu „Selbständigkeit und Entrepreneurship" (Radatz 2013, S. 13, vgl. auch Rigotti et al. 2014) führen – m. a. W., indem Sie gemeinsam mit Ihren Mitarbeitern Grenzen setzen und Rahmenbedingungen definieren. Dies hat nicht nur Auswirkungen auf die Gesundheit Ihrer Mitarbeiter, sondern auch auf Ihre eigene. Denn Führungskräfte, die hingegen mit der Kontrolle der Leistungen beschäftigt sind, riskieren „einen Herzinfarkt und machen aus eigenständigen Mitarbeitern Roboter, die ihr Hirn morgens an der Stechuhr ausschalten und abends wieder abholen" (Radatz 2013, S. 15).

Schmidt-Huber und Tippelt (2014) empfehlen Freys Ansatz der „ethikorientierten Führung", in dem die „gezielte und willentliche Befähigung der Geführten sowie die aktive Förderung von Fairness und Gerechtigkeit" (S. 9) im Mittelpunkt stehen. Wenn Sie sich dieser Haltung anschließen, bedeutet dies nicht nur, dass Sie

„glaubwürdig und berechenbar“ auftreten, sondern auch „unpopuläre Entscheidungen“ (ebd.) überbringen können. Wahrscheinlich eine der größten Herausforderungen gesunder Führung.

Mitarbeiterorientierte Führungskräfte „zeigen Anerkennung, wenn ein Mitarbeiter gute Arbeit leistet oder eine gute Idee hat, können zuhören, sind ansprechbar und gut erreichbar, vertrauen ihren Mitarbeitern und sorgen in Mitarbeitergesprächen dafür, dass auch der Mitarbeiter ein Feedback zu ihrem Führungsverhalten gibt“ (BAuA 2013, S. 14). Dies ist auch für das gesamte Unternehmen bedeutsam, denn eine Führungskraft nimmt nach dem Wechsel in eine neue Abteilung „ihren Krankenstand mit“ (ebd.). Dadurch zeigt sich erneut die zentrale Rolle, die Führungskräfte zur betrieblichen Gesundheit beitragen können. So empfiehlt die Bundesanstalt für Arbeitsschutz und Arbeitsmedizin (2013) vor allem folgende Schritte für eine gelungene Prävention:

- Thema enttabuisieren
- Führungskräfte sensibilisieren
- Belastungen erkennen (→ Hier leistet vor allem eine professionelle psychische Gefährdungsbeurteilung entscheidende Erkenntnisse (vgl. Hahnzog 2015))
- Anforderungen optimieren
- Strukturen überdenken
- Gesundheitsförderliche Unternehmenskultur stärken

An jeder Stelle wirkt die Arbeit der Führungskräfte des Unternehmens unmittelbar auf die Gesundheit aller Beteiligten – eine gezielte Entwicklung Ihrer Führungsarbeit wird also Wirkung zeigen.

Es gibt noch zahlreiche weitere Ansätze zum Thema Führung. Jeder würde eine neue Nuance betonen, die andere außer Acht lassen. Die individuelle Ausgestaltung von Führung lässt sich jedoch mit Sicherheit durch keine Theorie vollständig abdecken. Bevor Sie sich die entscheidende Frage dieses Abschnitts selbst stellen, bleibt mir nur noch, Ihnen meine Lieblingsdefinition von Führung zu präsentieren: „Führung heißt: Jemand hat mehr zu tun, als er alleine schaffen kann!“ (Comelli und Rosenstiel 2009, S. 107).

Aufgabe

Für Ihre Reflektion zur Leitfrage des Abschnitts empfehle ich Ihnen zunächst, sich Ihre verschiedenen Führungserfahrungen im Leben präsent zu machen. Beginnend bei Ihren Eltern, über die ersten Cliquen aus Nachbarschaftskindern oder Klassenkameraden, Lehrer, Trainer im Sportverein, Politiker bis hin zu Vorgesetzten denen Sie in Ihrer Karriere unterstellt waren: Welche Art der Führung hat Sie – im Guten wie im Schlechten – beeindruckt?

Und jetzt: Was ist Führung?

2.3 Führen und führen lassen

Führen kann man nicht alleine. Das ist in der Arbeit genauso wie beim Tanzen. Und falls Sie schon einmal die Erfahrung gemacht haben, dass auch die besten Tanzkurserfolge schwierig umzusetzen sind, wenn sich Ihr Tanzpartner nicht führen lassen will, dann wissen Sie, wovon ich spreche. Sie können auch die Reichweite erahnen, um die sich Überlegungen zur gesunden Führung erweitern lassen, wenn wir auch das Führen-Lassen berücksichtigen.[2]

Aufgabe

Greifen Sie Ihre letzten Notizen unmittelbar wieder auf und ergänzen Sie diese einerseits um Ihre Erfahrungen in Situationen in denen Sie sich gut/schlecht führen lassen konnten. Andererseits hatten Sie sicher schon solche und solche „Tanzpartner": Beschreiben Sie daher auch Situationen, in denen Ihnen gefolgt wurde bzw. Sie bei aller Anstrengung nichts bewegt haben.

Im Rahmen des Geführt-Werdens sollten die folgenden Fragen gestellt, von allen Beteiligten diskutiert und nach Möglichkeit beantwortet werden:

- Warum und wofür sollte ich mich führen lassen?
- Welche persönlichen Erfahrungen und aktuelle Bedürfnisse zum Geführt-Werden bringe ich mit?
- Was bekommt meine Führungskraft von mir, wenn sie mich führt?

Wieder einmal geht es weniger um die konkrete Antwort, sondern vielmehr um den Vorgang der Reflektion, den solche Fragen ermöglichen. Denn es ist keineswegs selbstverständlich, dass man von Führung profitiert.

Wenn wir Fragen dieser Art weiter verfolgen, so kommen wir nicht am großen Thema der Unternehmenskultur vorbei. Dort sind einerseits manche Antworten zu finden und andererseits wird die Kultur durch das Fragestellen und –beantworten verändert. Nicht zuletzt spielt für die Zusammenhänge einer gesunden Führung die Kultur eine entscheidende Rolle, wird doch hier beispielsweise festgelegt, welchen Stellenwert Gesundheit im Unternehmen überhaupt besitzt.

► „This is how we do things here." (Bright und Parkin 1997, S. 13).

[2] Ich bedanke mich an dieser Stelle bei Malte Müller-Egloff, der mich auf die Idee dieses wichtigen Abschnitts gebracht hat.

Etwas ausführlicher lässt sich Organisationskultur auch über „Werte, Helden, die diese Werte verkörpern, Regeln und Rituale sowie das ‚kulturelle Netzwerk' der informellen Kommunikation" definieren (Deal und Kennedy 1982). Wir finden in der Kultur eines Unternehmens also all das, was schwer in Kennzahlen oder greifbaren Definitionen auszudrücken ist, was uns aber umso mehr in der täglichen Arbeit beeinflusst. Es geht vielmehr um die „weichen" Faktoren eines Unternehmens, die im Endeffekt mindestens genauso wichtig für den Erfolg sind wie die „harten" Faktoren (z. B. Technik, Struktur, Produkte).

Aufgabe

Ich möchte Ihren Blick vor allem auf zwei ausgewählte Aspekte der Unternehmenskultur lenken (vgl. König und Vollmer 2008):

- Welche „zentralen Begriffe" beeinflussen Ihr tägliches berufliches Handeln? Schreiben Sie, ohne viel über Hintergründe oder Bedeutsamkeiten nachzudenken, die ersten zehn Begrifflichkeiten auf die Ihnen einfallen.
- Als Nächstes halten Sie fünf „implizite Regeln" Ihres Unternehmens fest. Also solche Leitsätze, die für Ihr gemeinsames Handeln „selbstverständlich" sind, ohne dass sie in Arbeitsverträgen, Betriebsvereinbarungen oder Leitbildern explizit formuliert sind.

Nun vergleichen Sie die Ergebnisse beider Reflektionen: Können Sie davon ausgehen, dass alle Beteiligten (Sie selbst, Ihre Mitarbeiter, Ihre Vorgesetzten, Ihre Kunden …) dasselbe darunter verstehen?

Wenn man sich solche Fragen immer wieder bewusst stellt und vor allem gemeinsam nach Antworten sucht, dann kann man die Kultur des Unternehmens nicht nur aktiv gestalten, sondern auch verändern, entwickeln und von ihr profitieren. Denn erst eine gemeinsame Kultur ermöglicht es, die komplexe soziale Realität zu vereinfachen und zu ordnen (Sackmann 2004). Dadurch kann gemeinsames Handeln koordiniert und an neue Gruppenmitglieder weitergegeben werden. So können die Beteiligten herausfinden, wie sehr sie sich mit der Organisation identifizieren können. Dies schafft Bindung und spiegelt letztendlich das „kollektive Gedächtnis" (Sackmann 2004, S. 29) eines Unternehmens wider.

Insbesondere Sie als Führungskraft haben einen enormen Einfluss auf die Gestaltung und Umsetzung der Unternehmenskultur – die Entwicklung derselben sollte daher auch einen festen Platz in Ihren Führungsaufgaben haben (vgl. König und Vollmer 2008). Dazu ist es notwendig, dass Sie sich Ihre eigenen Werte und subjektiven Wirklichkeitsinterpretationen immer wieder vor Augen halten, ggf. verändern und die gemeinsame Kultur vorleben: „Entscheidend ist nicht, was die Führungskraft sagt, sondern was sie tut" (König und Vollmer 2008, S. 453).

3 Führung und Betriebliche Gesundheitsförderung

Damit gesunde Führung nicht nur etwas ist, was im Unternehmen „passiert" oder zumindest passieren soll, empfiehlt es sich, alle Maßnahmen zur Weiterentwicklung der Führungsarbeit in einen Dachprozess thematisch eindeutig einzubinden. Es ist nur mäßig sinnvoll, diese Themen im Rahmen der Personalentwicklung des Unternehmens anzusiedeln, wie es häufig praktiziert wird (vgl. Rigotti et al. 2014). Denn dadurch wird suggeriert, dass die Professionalisierung ausschließlich in der Einzelperson des Führenden verhaftet sei. Dabei lässt sich Führungsarbeit nicht unabhängig von den anderen Einflussgrößen im Unternehmen betrachten. Umgekehrt gilt dasselbe: Von den Verhaltensweisen aller Stakeholder über Maßnahmen zur Potentialentwicklung bis hin zur (Führungs-)Kultur eines Unternehmens bestehen zirkuläre Wechselwirkungen zwischen allen Beteiligten. Wird die Führungskräfteentwicklung nur durch Trainings oder Einzelmaßnahmen gestaltet, so sind zwar kurzfristige Wirkungen messbar, bereits nach wenigen Monaten sind die gesundheitsförderlichen Effekte jedoch nicht mehr nachweisbar (ebd.). Vielmehr sollte ein ganzheitlicher Ansatz gestaltet werden, der auch die Arbeitsanforderungen verändert. Denn hier liegt „das große Potential zur Veränderung insbesondere der kostspieligen depressiven Erkrankungen" (Rigotti et al. 2014, S. 35).

Die zentrale Position der Führungskräfte und ihrer Aufgaben hat unmittelbare Auswirkungen auf alle anderen Bereiche des Unternehmens und umgekehrt. Ich halte es daher für deutlich sinnvoller, das Entwicklungsfeld „Gesunde Führung" im Rahmen der Organisationsentwicklung zu platzieren. Dort wiederum bietet das Betriebliche Gesundheitsmanagement (BGM) genau den richtigen Ansatz, der Führung und Gesundheit produktiv zusammenbringt. Falls Sie in Ihrem Unternehmen bereits ein BGM entwickelt haben und es mit Maßnahmen zur Betrieblichen Gesundheitsförderung ausfüllen, könnte Ihnen dieses Kapitel neue Anregungen zur Weiterentwicklung liefern. Falls Sie diese Aufgabe noch nicht im Unternehmen

S. Hahnzog, *Gesunde Führung*, essentials, DOI 10.1007/978-3-658-10379-8_3

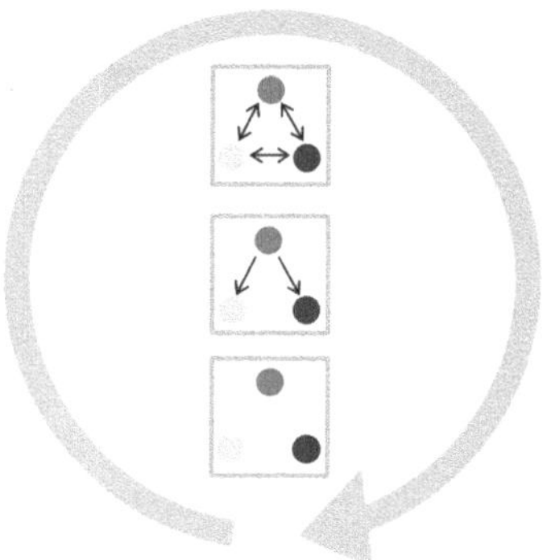

Abb. 3.1 Die vier Wirkungsebenen der Betrieblichen Gesundheitsförderung (Hahnzog 2014, S. 10).

verankert haben, finden Sie Anregungen zur Einführung dieser bedeutsamen Stütze für eine nachhaltige Unternehmensgestaltung.

Aufgabe

Zunächst sollten Sie aber kurz innehalten und sich Ihrem Notizbuch in der Beantwortung folgender Frage widmen: Welchen Stellenwert hat „Gesundheit" in Ihrem Unternehmen?

Für die Gestaltung der Betrieblichen Gesundheitsförderung (BGF) lege ich ein Modell zugrunde, dass vier Wirkungsebenen berücksichtigt (vgl. Abb. 3.1), die wechselseitigen Einfluss aufeinander haben (Hahnzog 2014).

- Auf einer übergeordneten Ebene, findet sich die *globale Perspektive der Gesellschaft*. Das grundlegende Verständnis von Gesundheit, von Arbeit und Wirtschaft wird hier definiert.
- Eine Wirkungsebene weiter unten finden sich die zahlreichen *Unternehmen und Organisationen*. Der Mittelstand nimmt in dieser Ebene eine zentrale Rolle ein: KMU machen in Deutschland 99,6 % aller Unternehmen aus und sind für 60,2 % aller sozialversicherungspflichten Beschäftigten verantwortlich[1].
- Im Unternehmen lassen sich die Mitarbeiter in Beschäftigte mit und ohne Führungsfunktion unterscheiden. Auf der *Ebene der Führung* sind demnach spezifische Anforderungen und Belastungen wirksam, die vor allem aus der Interaktion mit den zugeordneten Mitarbeitern hervorgehen.

[1] Zahlen für 2010 (Institut für Mittelstandsforschung: http://www.ifm-bonn.org/statistiken/mittelstand-im-ueberblick/).

- Auf der basalen Wirkungsebene unserer Betrachtung, der *Ebene der Beschäftigten*, werden schließlich alle Mitarbeiter in den Fokus genommen.

Diese vier Wirkungsebenen der BGF lassen sich nicht trennscharf voneinander differenzieren. Vielmehr beeinflussen sie sich gegenseitig und gehen ineinander über. Beispielsweise ist eine Führungskraft zugleich auch Mitarbeiter im Unternehmen, gestaltet das Unternehmen mit und ist Teil der Gesellschaft. Dieses Metamodell der BGF soll dafür sensibilisieren, dass es sich bei Betrieblicher Gesundheit um ein vielschichtiges und zugleich sehr dynamisches Handlungsfeld handelt.

In großen Unternehmen ist BGF bereits seit mehr als einem Jahrzehnt ein zentrales Thema bei der Arbeits- und Betriebsgestaltung. Im Gegensatz dazu haben sich KMU bis vor Kurzem noch wenig bis gar nicht mit diesem Aufgabenfeld beschäftigt (TÜV-Süd 2011). Dabei trifft die Erkrankung eines Mitarbeiters einen Betrieb mit 10, 50 oder 300 Angestellten viel heftiger als einen großen Konzern. Während bei letzterem sogar der Ausfall einer ganzen Abteilung aufzufangen ist, kann es einen Mittelständler in große Schwierigkeiten bis hin zur Handlungsunfähigkeit bringen, wenn bereits ein Mitarbeiter krankheits- oder krankheitsfolgebedingt ausfällt.

Nicht zuletzt aufgrund der Arbeitsmarktentwicklung mit einer relativ geringen Arbeitslosenquote in vielen Regionen Deutschlands, ersten Vorboten des demographischen Wandels oder sich verändernder gesundheitlicher Belastungen im Kontext der Arbeit, ist in den letzten Jahren eine Veränderung der Arbeitsanforderungen spürbar. Aus einer Umfrage des F.A.Z.-Instituts (2012) hatten bis 2012 bereits ein Drittel der befragten Mittelständler ein Betriebliches Gesundheitsmanagement initiiert. Jedoch halten die meisten Unternehmen kein festes BGM-Budget vor oder wenden pro Jahr lediglich Beträge auf, mit denen die nachhaltige Sicherung der Gesundheit der Beschäftigten kaum zu erreichen ist (F.A.Z.-Institut 2012). Meistens sind die Maßnahmen zwar gut gemeint, kommen aber nicht dort an, wo sie ankommen sollen: Nur 40 % der Befragten, die angaben, dass ihr Arbeitgeber gesundheitsfördernde Maßnahmen anbietet, nutzten diese auch (Gallup 2013). In den anderen Fällen entstehen nicht nur hohe Kosten, es ergibt sich auch kein messbarer Erfolg, was sowohl bei Mitarbeitern als auch beim Arbeitgeber zu Frustration führen dürfte.

Wenn ein Unternehmen plant, seine Gesundheit zu fördern, dann sollte zunächst ein fundierter Management-Prozess in Form eines professionellen BGM aufgesetzt werden. Wenn dann erste Maßnahmen geplant werden, ist es gut darin beraten, die ersten Ausgaben in seine Führungskräfte zu investieren – mit anderen Worten: in Sie.

Keinesfalls zufällig steht in meinem Modell die Wirkungsebene der Führung (auch grafisch) im Zentrum meiner Überlegungen. Das Modell der systemischen

Abb. 3.2 Die vier systemischen Interaktionsebenen der Führung nach Pinnow (2011). (Quelle: eigene Darstellung)

Führung nach Pinnow (2011) verdeutlicht, dass Führung zwangsläufig auf die vier „systemischen Interaktionsebenen“ (Pinnow 2011, S. 174 f., vgl. Abb. 3.2) wirkt.

Diese habe ich zum Anlass genommen, um Ihnen die vier Wirkungsebenen der betrieblichen Gesundheit im Rahmen der Führungsarbeit vorzustellen. Damit diese greifbar werden, stelle ich Ihnen gleich einzelne Möglichkeiten oder Maßnahmen vor, wie Sie Ihre Führungsarbeit auf der jeweiligen Ebene ausbauen und gestalten können.

3.1 Sich selbst führen

Führung beginnt als *Selbstführung* der eigenen Person. Die Führungskraft muss die Fähigkeit haben, sich selbst in Frage zu stellen und über die eigenen Ziele, Werte und Visionen reflektieren zu können. Sich selbst führen heißt zugleich, für die eigene Person, die individuellen Werte und Handlungen Verantwortung zu übernehmen und zu ihnen zu stehen. Damit diese präsent sein können, sollte eine Führungskraft immer wieder auch den Sinn des eigenen Handelns und den der Mitarbeiter hinterfragen. Es bedarf also einer ausgeprägten Kommunikationskompetenz nach innen, um diese vielfältigen Bedürfnisse miteinander abzugleichen und auf einen – übertragbaren – Nenner zu bringen. Das ist der Hauptgrund, warum ich Sie immer wieder auffordere, nicht nur zu lesen, sondern selber auch aktiv zu werden.

Eine professionelle Selbstführung trägt vor allem auch dazu bei, sich gesund zu halten. Faktoren, welche die Gesundheit erhalten und fördern aber auch gefährden, sind jedoch bei jedem Menschen unterschiedlich ausgeprägt. Einer der bedeutsamsten Aspekte zur Prävention vor Erkrankungen ist daher die Kenntnis der eigenen Persönlichkeit. Je genauer Sie Ihre eigenen Bedürfnisse, Möglichkeiten und Grenzen kennen, desto besser können Sie sich einerseits vor Überforderung und übermäßiger Belastung schützen. Andererseits können durch diesen Wissensvorsprung Kraftquellen und Widerstandkräfte leichter mobilisiert werden (vgl. Hahnzog 2014a). Wenn Sie so Ihre nächsten Fortbildungen für das kommende Jahr planen, sollten Sie darüber nachdenken, nicht nur inhaltliche Themen, sondern diesmal vielleicht ein Seminar zur Persönlichkeitsentwicklung auf Ihre Auswahlliste zu setzen.

Auch mit der professionellsten Ausbildung und Reflektionsfähigkeit sieht man jedoch ab und an den Wald vor lauter Bäumen nicht. Je höher die Führungsposition, desto weniger Austauschpartner auf Augenhöhe hat man, um dieses natürliche Defizit der Position ausgleichen zu können. Für solche Situationen hat sich der Ansatz des Coachings für Führungskräfte etabliert (vgl. Wölfl 2014). Ich kann Ihnen nur empfehlen, sich in Ihrer Führungsarbeit durch einen Coach unterstützen zu lassen. Und zwar nicht weil Sie Probleme oder Schwierigkeiten haben, sondern weil Sie professionell handeln.

3.2 Die Anderen führen

Neben der eigenen Person bedeutet Führung auch, die *Mitarbeiter der unmittelbaren Umgebung zu führen (vgl. Pinnow 2011).* Die Mitarbeiter sollten ein greifbares und anregendes Bild der Zukunft vermittelt bekommen. Dazu ist es notwendig, dass die Führungskraft Kontakt mit ihren Mitarbeitern herstellt und die notwendigen Inhalte so kommunizieren kann, dass eine gemeinsame Vorstellung von Aufgaben, Zielen und Möglichkeiten entsteht. In diesem täglichen Miteinander entstehen zwangsläufig Schwierigkeiten und Konflikte. Diese zu überwinden stellt eine Voraussetzung für das Wachstum und den Erfolg jedes Einzelnen und des Unternehmens als Ganzes dar. Denn Konflikte machen uns darauf aufmerksam, dass an dieser Stelle Verbesserungsbedarf besteht. Ein Konflikt ist also ein hilfreiches „Tor zum Wachstum". Wird er allerdings nicht produktiv genutzt, sondern destruktiv verstärkt und vertieft, dann ist die Gesundheit der Beteiligten in Gefahr. Zudem entstehen durch ungelöste Konflikte enorme Kosten, wie Studien der Wirtschaftsprüfergesellschaft KPMG belegen (Insam 2012). Strategien zur Konfliktbewältigung zählen also ebenfalls zum Repertoire einer gesunden Führung.

In manchen Fällen kann ein Konflikt auch mit den erfahrensten Streitern nicht von den Beteiligten selbst gelöst werden. Eine Möglichkeit für die gemeinsame Konfliktklärung bietet seit langem der Ansatz der Mediation. In dieser begleiteten Streitschlichtung werden die Konfliktpartner darin unterstützt, die Gegenseite zu verstehen und gemeinsam Lösungen zu entwickeln. Die strukturierte Gestaltung des Konfliktlösungsprozesses durch einen Mediator kann „Kommunikationsstörer zu Lösungsarchitekten" (Huber 2014b, S. 262) werden lassen. Es ist also keineswegs ein Zeichen von Führungsschwäche, wenn in mancher Situation die Unterstützung anderer Experten in Anspruch genommen wird, sondern verdeutlicht vielmehr die klare Kenntnis der eigenen Möglichkeiten und Grenzen.

Die Anzahl der Alternativen und Ideen steigt enorm, wenn in Ihrem Unternehmen nicht jeder alleine für seine Probleme verantwortlich ist, sondern im Kollegenkreis an deren Bewältigung gearbeitet wird. Dies gibt Sicherheit, fördert die Kooperation und trägt nachhaltig zur Gesundheitsförderung aller Beteiligten bei. Der regelmäßige Austausch im Team über konkrete Aufgaben oder die Gestaltung der Zusammenarbeit, ist daher auch ohne Ausgangskonflikt eine empfehlenswerte Handlungsalternative. Insbesondere eine regelmäßige Supervision unterstützt Sie und Ihre Mitarbeiter dabei, sich kollegial auszutauschen, wenn in der Arbeit miteinander oder auch an einem gemeinsamen Projekt Schwierigkeiten und Konflikte entstehen (vgl. Hahnzog 2014b). Der Supervisor fungiert in diesem Beratungskontext als Begleiter oder auch Moderator. Er ist nicht derjenige, der fertige Lösungen oder konkrete Verbesserungsvorschläge in den Prozess einbringt, sondern die Teilnehmer auf ihrem Weg zu einer Lösung unterstützt.

Aus den eingangs erwähnten Gründen wird es für deutsche Unternehmen zunehmend bedeutsam, die Mitarbeiter auch über einen längeren Zeitraum an sich zu binden. Sie als Führungskraft haben an dieser Stelle ebenfalls einen bedeutsamen Einfluss. Doch ist Mitarbeiterbindung nicht ohne weiteres „herzustellen" – sie geschieht auf Seiten des einzelnen Beschäftigten. Einer der wesentlichen Einflussfaktoren ist das Commitment: die empfundene „Verpflichtung gegenüber bzw. das Engagement für eine Sache" (Werth und Mayer 2008, S. 323). In der Bindung des Mitarbeiters an sein Unternehmen lassen sich drei Komponenten des Commitment unterscheiden (Meyer und Allen 1991):

- Das *affektive Commitment* beschreibt die emotionale Verbundenheit des Mitarbeiters zu seinem Unternehmen und ist vor allem von dessen individuellen Bedürfnissen abhängig. Auch wenn Sie nicht alle Bedürfnisse Ihrer Mitarbeiter befriedigen können oder sollen, so ist es doch bedeutsam, diese zu kennen. Dadurch können Sie sowohl die Aufgabenzuteilung gezielter gestalten, als auch bei möglichen Konflikten oder Frustrationen mögliche Hintergründe leichter verstehen.
- Das *kalkulatorische Commitment* stellt das Rechenspiel im Rahmen der Bindungsüberlegungen dar: Solange der Verbleib im Unternehmen mehr Nutzen bringt als ein Wechsel, ist es erfüllt. Da sich diese Komponente am leichtesten in Kennzahlen abbilden lässt, wird sie gerne bevorzugt behandelt. Im Rahmen der Mitarbeiterbindung spielt dieser Aspekt jedoch die geringste Rolle.

- Die dritte Säule dieses Modells bildet das *normative Commitment*: Die moralische Verpflichtung, sich entsprechend den vorhandenen Werten zu verhalten. Die größte Kraft dieses Aspekts geht von den Verhaltensnormen des Teams aus, was dazu führen kann, dass Mitarbeiter bleiben, um die anderen nicht im Stich zu lassen. Für das Unternehmen eine hilfreiche Teamkultur – allerdings auf tönernen Füßen, wenn die anderen Aspekte des Commitment nicht erfüllt werden.

Aufgabe

Machen Sie eine Liste Ihrer wichtigsten Mitarbeiter. Widmen Sie jedem eine einzelne Seite in Ihrem Notizbuch und beantworten Sie die Frage: Was braucht dieser Mitarbeiter?

3.3 Das Geschäft führen

Führung trägt auch immer dazu bei, *„das Geschäft zu führen"* (Pinnow 2011, S. 174). Unabhängig von der Hierarchieebene trägt jede Führungskraft durch ihre Arbeit zum Gelingen des gemeinsamen Vorhabens bei. Auch wenn dieser Anteil am Erfolg oder auch Misserfolg des Unternehmens vielleicht nicht unmittelbar messbar ist, so ist er doch vorhanden. Sie sollten sich und Ihre Rolle daher auch als Teil des gesamten Systems sehen, in dem Sie sich bewegen.

Damit Führung gesund sein kann, muss sie auch dazu beitragen, das Unternehmen gesund zu halten. Nur wenn Ihre Führungsarbeit dazu beiträgt, Ihr Unternehmen betriebswirtschaftlich, inhaltlich und/oder strategisch weiterzuentwickeln, kann man Ihre Arbeit als nachhaltig und gesund bezeichnen. Um dies zu ermöglichen, können Sie meine Anregungen direkt auf Ihre Interaktion mit den anderen Systemmitgliedern übertragen.

Es wird erneut deutlich, dass gesunde Führung auch ein gesundes Management benötigt. Allerdings muss nicht zwangsläufig jede Führungskraft über beide Kompetenzen verfügen. Es macht viel mehr Sinn, sich immer wieder zu überlegen, wer für welche Schwerpunkte besser geeignet ist bzw. sich auf welchen Entwicklungsfeldern weiterentwickeln sollte.

3.4 In der Umwelt führen

Nicht zuletzt steht jedes Unternehmen auch im Kontext der umgebenden Umwelt. Mitbewerber, Kunden, Märkte und Gesellschaft haben Einfluss auf das einzelne Unternehmen – und umgekehrt. Die Führungskraft muss also auch Informationen

„von außen“ aufnehmen und verarbeiten können, sowie selber über den Tellerrand hinausblicken. Was für die höchste Führungsebene einleuchtend erscheint, muss auch für alle anderen Führungskräfte eines Unternehmens gelten. Selbst wenn die Einflussmöglichkeiten begrenzter sind, steht niemand alleine da, sondern ist immer vernetzt mit allen ihn umgebenden Umwelten.

Aufgabe

Schlagen Sie eine leere Doppelseite Ihres Notizbuchs auf und verdeutlichen Sie sich mit der folgenden Aufgabe *Ihr* berufliches System: Zeichnen Sie in die Mitte einen kleinen Kreis, in welchen Sie den ersten Buchstaben Ihres Namens eintragen.

Anschließend zeichnen Sie für jeden Mitarbeiter/Kollegen/Vorgesetzten, der für Ihr berufliches Handeln bedeutsam ist einen Kreis ein und versehen auch diesen mit dem ersten Buchstaben des Namens, so dass Sie den Überblick behalten. Es ist ausreichend, wenn Sie die Kreise nach dem „Grad der Bedeutsamkeit“ platzieren, d. h.: je bedeutsamer eine Person für Sie ist, je mehr Einfluss sie auf Ihr Handeln hat, desto näher zeichnen Sie diese an Ihren Kreis – je mittelbarer der Einfluss, desto weiter weg. Lassen Sie sich dabei weniger von den offiziellen Strukturen, sondern vielmehr von Ihrem subjektiven Erleben leiten.

Diese Übung können Sie natürlich auch auf Ihre anderen Systeme (Familie, Freunde, Kollegen, Kunden) übertragen. Lassen Sie also ruhig ein paar Seiten frei.

Gesunde Führung auf drei Entwicklungsfeldern

4

Den vier Wirkungsebenen der Betrieblichen Gesundheitsförderung stehen *drei Entwicklungsfelder* gegenüber, die die Gestaltung der individuellen Handlungsmöglichkeiten strukturieren:

- *Wissen*:
  Um die komplexen Prozesse zwischenmenschlicher Interaktion verstehen und nachvollziehen zu können, ist ein fundiertes Wissen über diese Zusammenhänge jenseits der Fachexpertise notwendig.
- *Persönlichkeit*:
  Die individuellen Möglichkeiten und Grenzen des Unternehmens, der Führungskraft wie auch des einzelnen Mitarbeiters erfordern eine intensive Auseinandersetzung und Reflektion.
- *Handeln*:
  Wissen und Reflektion müssen auch person- und situationsspezifisch umgesetzt werden – erst ein gut bestückter Werkzeugkasten an Handlungsmöglichkeiten lässt die Kompetenzen dort wirksam werden wo sie benötigt werden.

Führungskräfte haben letztendlich zwei Kernaufgaben: Sie müssen Entscheidungen treffen und müssen entschieden handeln. Alle drei Entwicklungsfelder tragen dazu bei, dass Sie diese Herausforderung der Führung erfolgreich meistern können. Denn um entscheiden zu können, brauchen Sie Wissen, Reflektion und im Anschluss vor allem das richtige Handwerkszeug, damit Ihre Entscheidungen auch dort ankommen, wo sie benötigt werden – bei Ihren Mitarbeitern.

S. Hahnzog, *Gesunde Führung*, essentials, DOI 10.1007/978-3-658-10379-8_4

Getreu Pestalozzis Idee der „Elementarbildung" braucht die Gestaltung und Entwicklung gesunder Führung also „Kopf, Herz und Hand", um nachhaltig wirken zu können. Ich strukturiere die konkreten Handlungsimpulse im Folgenden nach dieser pädagogischen Grundhaltung.

4.1 … mit Kopf,

Einen fundamentalen Beitrag zur Weiterentwicklung Ihrer persönlichen Führungsarbeit können Sie durch neue Gedanken und durch neues Wissen erreichen – im wahrsten Sinne des Wortes als *Fundament* Ihrer Führungsarbeit.

Wie ich zeigen konnte, wirkt Führung unmittelbar auf die psychische Gesundheit aller Beteiligten. Für das weitere Verständnis, ist es daher notwendig, sich mit psychischen Belastungen und Erkrankungen auseinanderzusetzen. Im Rahmen dieses Essentials kann ich dies nur sehr knapp ermöglichen – aber vielleicht bekommen Sie ja Lust, sich ausführlicher mit dem spannenden Feld der menschlichen Psyche zu beschäftigen – es lohnt sich.

„Die sind doch alle verrückt", lautet häufig das schnelle Urteil des Volksmundes, wenn es um Erkrankungen der Psyche, der Seele geht. Dass eine solche Vereinfachung der Realität nicht gerecht werden kann, ist keine Überraschung. Dennoch ist das Stigma einer psychischen Störung im Kollegen- oder Bekanntenkreis für den Betroffenen immer noch häufig sehr schmerzhaft spürbar, was die eigentlichen Leiden noch zusätzlich verstärkt.

Erschwerend für das Verständnis psychischer Störungen ist zudem, dass es keine trennscharfe Grenze zwischen „gesund" und „krank" gibt. Der Medizinsoziologe und Stressforscher Aaron Antonovsky ersetzte hierfür den Gegensatz von Gesundheit und Krankheit durch das Konzept eines Kontinuums, in dem die Begriffe gesund und krank unterschiedlich variieren können. Niemand ist nur krank, schon gar keiner kerngesund. Der Ansatz der *Salutogenese* (= „Gesundheitsentstehung", Antonovsky 1997) betont weniger den Aspekt der Krankheit, sondern die Möglichkeiten zur Förderung der Gesundheit und Prävention. Demnach ist bei psychischen Störungen insbesondere die Verstehbarkeit, Handhabbarkeit und Bedeutsamkeit des Störungsbildes für den Betroffenen entscheidend, um eine Lösung zu entwickeln (ebd.). Nicht zuletzt ist dies einer der Gründe, warum Betriebliche Gesundheitsförderung im Allgemeinen und gesunde Führung im Besonderen mit der salutogenetischen Brille gesehen und gestaltet werden sollten.

Beispiel

„Arbeitsbedingte Belastungen können […] zu verschiedenen psychischen Störungen bzw. umgekehrt können bestehende psychische Störungen zu Problemen am Arbeitsplatz führen“ (Stark und Maragkos 2014, S. 207).

Anders als bei vielen physischen Krankheiten, bei denen häufig eine konkrete Ursache zu einem bestimmten Krankheitsbild führt, ist es bei psychischen Störungen keineswegs vorhersagbar, welches Störungsbild ein Betroffener entwickelt bzw. ob es überhaupt zu einer klinischen Symptomatik kommt. Noch dazu, da ein und dieselbe Situation von verschiedenen Beteiligten ganz unterschiedlich wahrgenommen wird. Während der eine bei einem wöchentlichen Workload von 50 h erst richtig aufblüht, kommt der andere schon nach einer „ganz normalen“ Arbeitswoche jeden Abend total erschöpft nach Hause. Im Übrigen kann nicht nur ein „zu viel“ im Rahmen der Arbeit zu Beeinträchtigungen der psychischen Gesundheit führen, sondern auch ein „zu wenig“: Auch dauerhafte Unterforderung kann eine pathologische Wirkung nach sich ziehen. Entscheidend für einen nachhaltigen Erfolg ist die richtige Balance zwischen beiden Polen.

Bei der Diagnose einer psychischen Störung geht es darum, herauszufinden, ob der Zustand einer Person als „normal“, also innerhalb einer gewissen Norm, zu beurteilen ist – oder eben nicht. Die Schwierigkeit dabei ist, dass bei dieser Einschätzung zwei verschiedene Normen berücksichtigt werden müssen: die des Einzelnen und die der ihn umgebenden Gesellschaft. Dabei müssen beide Normensysteme nicht zwingend übereinstimmen. Außerdem verändern sich diese stetig. Nicht nur die gesellschaftliche Einschätzung darüber, was „normal“ ist, verändert sich, sondern auch die individuellen Normen. So kann es gut sein, dass es für einen Mitarbeiter in den ersten Jahren seiner Betriebszugehörigkeit selbstverständlich war, auch außerhalb der vertraglichen Arbeitszeit, für das Unternehmen verfügbar zu sein, für denselben inzwischen aber der pünktliche Feierabend unverhandelbar geworden ist.

Aufgabe

Sie sollten daher immer wieder diskutieren, was für Sie selbst, Ihr Unternehmen und Ihre Mitarbeiter „normal“ ist. Konflikte und daraus folgende Überlastungen entstehen nicht selten daraus, dass hier unterschiedliche Ansichten bestehen. Halten Sie also in Ihrem Notizbuch fest:

- Was ist aus Ihrer Sicht im Rahmen der Arbeit „normal“?
- Was erwarten Sie von sich selbst, von Ihren Mitarbeitern und Ihrem Unternehmen?
- Und umgekehrt: Was erwarten diese von Ihnen?

Auch bei diesen Fragen wäre es sinnvoll, wenn Sie in der nächsten Zeit gemeinsam mit Ihren Mitarbeitern über mögliche Antworten diskutieren.

Psychische Störungen sind in der Regel *multifaktoriell* bedingt. Das bedeutet, dass eine Verkettung verschiedener Faktoren die Entstehung der Erkrankung verursacht. Neben einer genetischen Grunddisposition, die jedoch einen vergleichsweise geringen Einfluss auf die Entwicklung einer psychischen Erkrankung hat, spielen vor allem der körperliche Gesundheitszustand, die individuellen Sozialisationserfahrungen und vor allem die verschiedenen Lebensfelder eine Rolle (Möller et al. 2013). Zu letzteren gehört auch die Arbeit, die somit zumindest immer berücksichtigt werden sollte, wenn man nach den Ursachen einer psychischen Erkrankung sucht. Nur in wenigen Fällen, beispielsweise bei organischen Psychosyndromen wie der Demenz, gibt es eine einzelne, eindeutige Ursache für die Entwicklung der Störung. Allerdings ist es nicht so einfach, dass man lediglich verschiedene Ursachenbereiche abfragen muss, um herauszufinden, ob jemand eine psychische Störung entwickelt hat oder noch entwickeln wird. Vielmehr spricht man von unterschiedlicher „*Vulnerabilität*" (= „Verletzbarkeit", vgl. Möller et al. 2013, S. 431). So hat beispielsweise ein Mitarbeiter, der kürzlich aus seiner entfernten Heimatstadt an den Betriebsort gezogen, frisch von seiner Partnerin getrennt und mit der neuen Aufgabe überlastet ist, eine höhere Verletzbarkeit, an einer psychischen Störung zu erkranken, als sein Kollege, der vor Ort aufgewachsen, routiniert in seiner Tätigkeit und glücklich in der Beziehung ist. Aber das bedeutet noch nicht, dass es auch sicher dazu kommen wird.

Auf der anderen Seite verfügt jeder Mensch auch über eine gewisse Widerstandskraft, fachlich als „*Resilienz*" (Möller et al. 2013, S. 570) bezeichnet, die ihn vor der Entstehung psychischer Erkrankungen schützt. Neben körperlicher Unversehrtheit, Zufriedenheit und Erfolgserleben machen die Widerstandskraft vor allem tragfähige soziale Beziehungen aus. Die Arbeitsumgebung kann durch die Unternehmenskultur, den sozialen Austausch unter den Kollegen und vor allem eine gesunde Führung enormen Einfluss auf die Resilienz eines Mitarbeiters haben.

Aufgabe

Welche Gefährdungs- und welche Schutzfaktoren – Vulnerabilität und Resilienz – bringen Sie in Ihre tägliche Arbeit mit? Notieren Sie sich, woher Sie Energie ziehen und was Sie Energie kostet. Denn wenn Sie Ihre Rahmenbedingungen psychischer Belastung genau kennen, können Sie auch Ihre Mitarbeiter diesbezüglich besser führen[1].

[1] Übrigens sind alle Unternehmen in Deutschland seit 2014 explizit dazu verpflichtet die psychischen Gefährdungen bei der Arbeit im Rahmen einer psychischen Gefährdungsbe-

Abb. 4.1 Klassische vs. systemische Problemsicht. (Quelle: eigene Darstellung)

Diese grundsätzlichen Überlegungen zur Entstehung und Entwicklung psychischer Beanspruchung verdeutlichen, was Führungsarbeit bewirkt: Sie kann sowohl Krankheiten auslösen – als auch vor diesen schützen. Denn Sie dürfen nicht vergessen: Arbeit im Allgemeinen und Führung im Besonderen kann ganz entscheidend zur Resilienz beitragen.

Häufig sind schwelende Konflikte oder ungelöste Probleme die Ursache für psychische Überlastung. Dabei sind Probleme an sich etwas Wunderbares: Nur so können neue Ideen und Lösungen entwickelt werden! Sie können durch Ihr Problemverständnis schon im Vorfeld viel dazu beitragen, dass dieses konstruktive Verständnis genutzt wird, anstatt die destruktive Kraft einer Probleminterpretation zur Wirkung kommen zu lassen. Hierzu genügt schon eine kleine Veränderung Ihrer Sichtweise:

In einer „klassischen" Problemsicht werden unter anderem diese Interpretationen zugrunde gelegt: Jemand (eine Person, ein Team, ein Unternehmen) *hat* ein Problem (vgl. Abb. 4.1). Dies hat zur Folge:

- Das System ist fehlerhaft.
- Für die Lösung muss sich das System verändern.
- Ein Problem gilt als gelöst, wenn die Ursachen erkannt und behoben sind.

urteilung zu erfassen und zu beurteilen und entsprechende Maßnahmen zu initiieren (§5 ArbSchG). Weitere Informationen hierzu finden Sie in meinem Essential: *Psychische Gefährdungsbeurteilung – Impulse für den Mittelstand* (Hahnzog 2015).

Mit einem konstruktivistischen Problemverständnis stellt sich die Sachlage hingegen in einem ganz anderen Licht dar: „Um ein wie auch immer, möglicherweise sogar zufällig, entstandenes Verhalten oder Thema herum entwickelt sich ein durch die Kommunikationen über das Problem charakterisiertes Sozialsystem. Ein Problem *erschafft* ein System" (Schlippe und Schweitzer 2003, S. 102). Diese Betrachtungsweise ermöglicht ganz andere Folgerungen:

- Probleme entstehen als Folge einer Kette von Umständen.
- Für die Lösung muss sich die Kommunikation rund um das Problem verändern.
- Ein Problem gilt als gelöst, wenn alle beteiligten Personen das Problem als gelöst ansehen.

Betrachtet man den Umgang mit Problemen mit dieser systemischen, lösungsorientierten Brille, so wird schnell deutlich, dass durch die Kommunikation der Beteiligten eine Situation erst zum Problem gemacht werden kann. Im Umkehrschluss heißt das, dass auch die Beteiligten eine Lösung ermöglichen können. Denn wer die Energie zur Definition und Aufrechterhaltung eines Problems aufbringen kann, der hat auch ausreichend Energie, um eine Lösung herbeizuführen.

Je länger ein Problem als solches interpretiert wird, desto größer ist die Wahrscheinlichkeit, dass es zu einer problemstabilisierenden Beziehung der Beteiligten kommt, in der sich alle in ihrer Problemsicht gegenseitig bestärken. Dies kann in einer Gegnerschaft der Fall sein, in welcher sich die beiden Kontrahenten getreu dem Motto „Auge um Auge, Zahn um Zahn" gegenseitig hochschaukeln und ihr Verhalten aufgrund des „Lauerns" des Anderen dauerhaft etablieren. Sätze wie: „Das haben wir schon immer so gemacht." oder „Ich würde ja aufhören/anfangen, aber der Andere muss zuerst.", sind gute Signale für eine solche Beziehung. Genauso können aber „komplementäre Beziehungen" ein Problem betonieren, indem sich der Hilflose nicht zu helfen weiß und der Helfende mit seiner Kompetenz stets die Situation klärt. Das eigene Verhalten wird durch die Überlegenheit bzw. Bedürftigkeit des Anderen gerechtfertigt.

Um aus solch festgefahrenen Situationen eine Lösung möglich zu machen, sind *kleinste Schritte* notwendig (De Shazer und Dolan 2013). Dabei ist es zunächst vor allem bedeutsam etwas „anders" zu machen, denn ob eine Alternative zu einer Lösung wird, kann ohnehin erst im Nachhinein beurteilt werden – Lösung ist eine retrospektive Zuschreibung.

Aufgabe

Suchen Sie sich ein aktuelles Problem oder einen aktuellen Konflikt aus Ihrer Arbeit aus. Beschreiben Sie diesen kurz in Ihrem Notizbuch. Und jetzt beginnen Sie, Ihre Problemsicht hin zu einer Lösungssicht zu verändern. Um eine Lösung zu erreichen, kommt es nämlich nicht so sehr auf das Problem als vielmehr auf das Ziel an, dass Sie durch die Überwindung des Problems erreichen wollen. Beantworten Sie also jetzt die Frage: „Welches Ziel will ich erreichen?"

Achten Sie darauf, dass Sie bei Ihrer Antwort das Ziel folgendermaßen formulieren (vgl. De Shazer und Dolan 2013):

- *Positiv*: Nicht die Abwesenheit von Vorhandenem, sondern die Anwesenheit von etwas Anderem sollte beschrieben werden.
- *Konkret*: So greifbar und detailliert wie möglich.
- *Verhaltensbezogen*: Nicht die Eigenschaften von Personen, Prozessen, Unternehmen, sondern deren Verhalten in der Zielsituation.
- *Selbst erreichbar*: Das Ziel muss durch die Beteiligten selbst erreichbar sein. Es sollte nicht von unbeteiligten Personen, Parteien oder gar vom Schicksal herbeigerufen werden.
- *Realistisch*: Hierzu müssen Sie das Ziel ggf. in kleinere Schritte zerlegen.

Für die Weiterentwicklung eines Unternehmens sind Probleme von zentraler Bedeutung. Ihre Funktionalität ermöglicht es uns, immer wieder aus der starren Balance des Status Quo hervor zu treten und uns den aktuellen Herausforderungen anzupassen. Probleme weisen uns auf ineffektive Lösungen hin oder können dazu beitragen, dass sich die Leidenden näher kommen (Boeckhorst 1988). Falls Sie das Problem oder der Versuch dieses zu lösen in eine Sackgasse getrieben hat, sollten Sie sich bewusst machen, dass nicht Einzelne „schuld" sind, sondern alleine schon der Umgang mit dem Problem einen Lösungsversuch darstellt. Ein Problem ist eben nicht „nur schlecht", sondern macht auf irgendeine Art und Weise Sinn für das System – was nicht heißt, dass dieser Zustand schön, angenehm oder gar erstrebenswert wäre. Sie werden das Problem aber nicht lösen können, solange Sie keinen Ersatz für dessen Funktionalität gefunden haben. Denn wenn es keinen Grund gäbe, warum Sie und Ihr System von dem Problem profitieren, dann hätten Sie es schon längst gelöst. Solange der Gewinn durch das Problem den Preis der Lösung überschreitet, werden die Beteiligten am Problem festhalten (vgl. Schlippe und Schweitzer 2003).

Aufgabe

Gehen Sie noch einmal zurück zu Ihrem Problem, dass Sie in der letzten Übung in eine Lösung überführt haben:

- Was haben Sie und/oder Ihre Mitarbeiter aktuell von diesem Problemzustand?
- Welches schlimmere Übel verhindert das Problem oder von welchem „*eigentlichen*" Problem lenkt es ab?

Einen ersten Schritt in Richtung dieser lösungsorientierten Haltung machen Sie, indem Sie sich von der Wertung „*gut vs. schlecht*" verabschieden. Kein Problem ist nur schlecht und keine Lösung ausschließlich erstrebenswert – alles hat seinen Preis. Ersetzen Sie diese Beurteilung daher mit den Attributen „*hilfreich vs. hinderlich*". Das klingt auf den ersten Blick nach Wortklauberei, hat aber einen fundamentalen Einfluss auf den Umgang mit Problemen und deren Lösungen: Sie geraten nicht in die Scheuklappen einseitiger Bewertung, sondern bleiben handlungsfähig, weil Sie sich nicht von angeblichen Nachteilen des Schlechten oder möglichen Vorteilen des Guten überzeugen (lassen) müssen.

Durch die Beschreibung als hilfreich oder hinderlich können Sie Alternativen wertfrei ausprobieren. Wenn sich eine Alternative als hilfreich herausstellt, kann sie als Lösung bezeichnet werden. Falls nicht, war sie nicht schlecht, sondern einfach in der entsprechenden Situation nicht hilfreich. Denn im Kern ist es ganz einfach: „If it doesn't work, try something else" (De Shazer und Dolan 2013, S. 23).

Aufgabe

Blättern Sie in Ihrem Notizbuch ganz an den Anfang. Unterstreichen Sie nun alle Wertungen, mit denen Sie Ihre bisherigen Notizen gefüttert haben. Welche davon lassen sich durch die Beschreibung als hilfreich oder hinderlich ersetzen?

4.2 … mit Herz,

Die Frage nach dem Sinn des eigenen Handelns, nach der Vision, die man dadurch zu erfüllen versucht oder des Zwecks, dem das Handeln dient, sind die elementaren Themen, die unser Tun begleiten. Und sie machen nicht vor der Bürotür halt. Wir tragen sie in jeden Bereich unseres Lebens und Alltags hinein. Der bedeutende Zusammenhang zwischen den Antworten auf diese Fragen und der Leistungsfähigkeit im Beruf ist hinreichend belegt (vgl. Kehr 2005; Amabile und Kramer 2013). Die zentrale Erkenntnis dieser Befunde lautet: Mitarbeiter, die ihre Tätigkeit im Einklang mit ihren inneren Haltungen erleben, sind produktiver, kooperativer und nicht zuletzt gesünder (ebd.).

Auch wenn Sinn oder Vision nicht unmittelbar im Rahmen der Kommunikation der Beteiligten *entstehen*, so können sie zumindest in diesem Rahmen, insbesondere im Mitarbeitergespräch, *erkundet* werden[2]. Mit den Erkenntnissen aus dieser

[2] Streng genommen entsteht Sinn durchaus in der Kommunikation: Vom inneren Dialog bis zum Austausch mit anderen Menschen konstruieren wir unsere Wirklichkeit, deren Interpretation und damit auch unseren Sinn in einem stetigen Kommunikationsprozess.

Erkundung ist ein weiterer Schritt getan, um die Zusammenarbeit nachhaltiger zu gestalten. Damit die Auswirkungen, die diese Überlegungen auf Ihre Interaktion mit Ihren Mitarbeitern haben, greifbar werden, unterscheide ich drei verschiedene Perspektiven. Diese bedingen sich gegenseitig und sind auch nicht trennscharf voneinander zu unterscheiden: *Motiv, Sinn und Ziel*. Vielmehr ermöglichen sie nuancierte Unterschiede in der Beantwortung der Frage nach dem: „Wieso, Weshalb, Warum?“

Motiv

Welche Ursachen haben dazu geführt, dass eine Person handelt? Bei der Frage nach diesem *„Warum?“* werfen wir den Blick zurück und fragen danach, welche Erfahrungen uns zu dieser Art des Handelns gebracht haben, die wir heute zeigen. Dabei kann es durchaus sein, dass sich Motive verändern. Gerade wenn sich die Lebenswelt außerhalb des Berufs im Privatleben verändert, kann sich auch das Motiv ändern, das zur Ausübung dieses Berufs geführt hat. Damit die Beteiligten, Führungskraft wie Mitarbeiter, in solchen Situationen nicht verzweifeln, ist es hilfreich, diese Veränderlichkeit von Motiven nicht zu leugnen oder zu verhindern. Vielmehr stellt dies eine elementare Voraussetzung für Wachstum und Entwicklung dar. Ein gemeinsamer Austausch macht es möglich, dass sich jeder auf den Anderen einstellen und sich dementsprechend verhalten kann.

Aufgabe

Die folgende Frage ist nun wirklich keine Überraschung:
Warum sind Sie eigentlich Führungskraft geworden?
Und jetzt nochmal ganz ehrlich – vor allem zu sich selbst:
Warum sind Sie *eigentlich* Führungskraft geworden?

Das Schwierige ist, dass nicht alle Motive auf den ersten Blick erkennbar sind. Es gibt insbesondere unbewusste (implizite) Motive, die meist erst dann sichtbar werden, wenn ihre Erfüllung notwendig wird (vgl. Strasser et al. 2011). Dann ist es oft schwierig bis unmöglich, unmittelbar zu reagieren und die Situation entsprechend dieser „unsichtbaren“ Bedürfnisse zu gestalten. Allerdings ist in solchen Momenten das Kind noch nicht in den Brunnen gefallen: Vielmehr haben alle Beteiligten die Möglichkeit, die Zukunft entsprechend dieser (neuen) Erkenntnisse zu gestalten. Denn der Prozess der Veränderung von Motiven setzt sich stetig fort.

Sinn

In diesem Blickwinkel lautet die Frage eher: *„Wofür?“*. Welche „höheren“ Ideale des Einzelnen werden durch die Tätigkeit, das Umfeld im Kollegenkreis oder das gesamte Unternehmen angeregt? Dies können spirituelle, philosophische, ethische oder auch ganz profane sein.

Aufgabe

Notizbuch auf:

Wofür sind Sie eigentlich Führungskraft geworden?

Wenn in der Führungsarbeit immer wieder auch die Sinnperspektive erkundet wird, müssen die jeweiligen „Sinne" der Beteiligten nicht zwingend übereinstimmen. Solange sie sich nicht in wesentlichen Aspekten widersprechen oder die Ausgrenzung des Gegenübers notwendig machen, können auch unterschiedliche Auffassungen zum Sinn produktiv nebeneinander existieren. Unter Umständen bereichern sie sich sogar. Sollten Sie zu dem Ergebnis gelangen, dass der Sinn eines Ihrer Mitarbeiter im Rahmen seiner Tätigkeit, Ihrer Zusammenarbeit oder im Unternehmen nicht erfüllt wird, so ist auch dies ein hilfreiches Ergebnis. Dann kann gemeinsam überlegt werden, welche Veränderungen möglich sind. Eine dieser Veränderungen kann immer auch diejenige sein, dass die Beteiligten zukünftig getrennte Wege gehen. Das ist dann für den Moment womöglich belastend, aber für die Zukunft jedes Einzelnen sicher sinnvoller.

Ziel

Aufgabe

„Wohin soll Ihre Reise gehen?", ist die zentrale Frage zur Erkundung der dritten Bedürfnisperspektive.

Beschreiben Sie Ihre Vorstellung von Zielen, die Sie durch Ihr berufliches Handeln erreichen wollen. Stellen Sie sich hierzu vor, Sie würden einen Brief an sich selbst schreiben. Beginnen Sie also diese Notiz mit „Liebe …" bzw. „Lieber …." und setzen Sie Ihren Namen ein, außerdem als Datum den heutigen Tag und Monat – aber beim Jahr rechnen Sie zehn Jahre dazu.

Jetzt schreiben Sie auf, was Sie in den zehn Jahren bis zu diesem Datum alles erlebt haben.

Mein Verständnis von Zielen geht weit über das hinaus, als das, was in Zielvereinbarungsgesprächen in der Regel besprochen wird. Neben konkreten und messbaren Aspekten wirkt die vertiefte Reflektion von Zielen vor allem auf emotionaler und metaphorischer Ebene. Ein gutes Ziel hat immer auch eine Vision im Hintergrund, also ein positives, emotional anregendes und weit in die Zukunft reichendes inneres Bild. Die immer wiederkehrende Beschäftigung mit dieser individuellen Vorstellung davon wie die persönliche Zukunft aussieht, sollte auch Teil Ihrer Kommunikation mit Ihren Mitarbeitern sein. Wie bei der Frage nach Sinn und Motiv, können auch hier unterschiedliche Vorstellungen vorhanden sein, die sich bereichern oder auch ausschließen. Wie bei den Urlaubsplänen, gefällt es manchen eben besser am Meer und manchen besser in den Bergen. Allerdings sollten Sie nicht vergessen, dass es auch ganz anders ausgehen kann: „‚Viele Wege führen nach Rom' – und am Ende muss man ja vielleicht gar nicht nach Rom" (Fischer-Epe 2004, S. 205).

Es ist Teil der Natur von Veränderungen, dass sie konfliktbehaftet sind. Schließlich beinhaltet jeder Aufbruch auch immer einen Abschied. Sollten Mitarbeiter im Rahmen eines Veränderungsprozesses Widerstand zeigen, so heißt dies immer auch, dass sie interessiert sind an dem was passiert. Wenn dieser Widerstand sogar offen an Sie herangetragen wird, ist dies ein deutliches Zeichen von Vertrauen, dass Ihre Mitarbeiter in Sie und Ihre Führungskompetenz setzen. Meistens ist das leider nicht so offensiv der Fall, sondern zeigt sich eher in unbegründbarer Missmutigkeit oder wenn Ihre Mitarbeiter Ihnen aus dem Weg gehen. Diesen Ball sollten Sie so schnell wie möglich aufnehmen und den Konflikt in ein offenes Gespräch übertragen. Denn durch Ignoranz werden die wenigsten Probleme gelöst.

Als professionelle Führungskraft sollten Sie daher nicht nur durch fachliche Kompetenz (die klassischen „Management-Skills"), sondern auch als Person, als Vorbild überzeugen (Comelli und Rosenstiel 2009). Sie sollten kreative Ideen und Impulse Ihrer Mitarbeiter genauso schätzen, wie Ihre eigenen Ideen und Ideale, die Sie vermitteln.

Aufgabe

Zeichnen Sie in Ihr Notizbuch eine Tabelle mit zwei Spalten. Die Linke überschreiben Sie mit: „Was mich begeistert". Die Rechte mit: „Was andere an mir begeistert". Und nun füllen Sie die Spalten mit Inhalt.

Kleiner Tipp: Diese Aufgabe sollten Sie nicht „am Stück" erledigen, sondern immer wieder mal zur Hand nehmen und dann fortschreiben und korrigieren.

Nicht zuletzt treffen Sie mit dem was Sie bewegt auch ins Herz Ihrer Mitarbeiter und können dadurch Begeisterung für die täglichen Aufgaben in Ihrem Team entzünden (vgl. Comelli und Rosenstiel 2009).

4.3 … und mit Hand

Eigentlich haben Sie Ihren Werkzeugkoffer mit den bisherigen Übungen, Überlegungen und Inhalten schon ordentlich gefüllt. Zumindest was Ihre Selbstführung betrifft, sollten Sie gut gerüstet sein. Ich möchte mich daher im Folgenden vor allem der unmittelbaren Interaktion mit Ihren Mitarbeitern widmen. Damit Ihre Führungsarbeit wirken kann, ist es auf diesem Entwicklungsfeld vor allem bedeutsam, professionell zu kommunizieren. Vergessen Sie dabei nicht, dass es *Ihre* Ideen, Aufträge und Entscheidungen sind, die Sie vermitteln wollen – also sprechen Sie auch im „Ich" und nicht im „man". Dadurch stellen Sie den notwendigen Kontakt zu Ihren Mitarbeitern her, um gemeinsam Ihre Ziele zu verfolgen.

Ich kann Ihnen sehr ans Herz legen Gespräche mit Ihren Mitarbeitern je nach Anlass unterschiedlich zu gestalten. Das bedeutet auch, dass nicht alle Mitarbeitergespräche im Vorhinein terminiert werden können. Vielmehr sollten Sie auch spontan in den Austausch mit Ihren Mitarbeitern treten. Braig und Wille (2010) unterscheiden u. a. folgende Gesprächstypen:

- Anerkennungsgespräch
- Motivationsgespräch
- Kritikgespräch
- Konfliktgespräch
- Jahresgespräch
- Gehaltsgespräch
- Zielvereinbarungsgespräch
- Delegationsgespräch
- Teamgespräch

Es ist sinnvoll, Gesprächsanlässe zu trennen: Kritik ist Kritik und Anerkennung ist Anerkennung. Beides sollte zeitnah und anlassbezogen vermittelt werden. Generell lässt sich daher folgende Empfehlung aussprechen: Sie sollten lieber häufig ein thematisch klar abgegrenztes, kurzes Gespräch führen, als einen „großen Aufwasch", in dem ein Thema die anderen möglicherweise überschattet oder gar entwertet.

Damit Sie diese Gespräche ansprechend gestalten können, gebe ich Ihnen abschließend noch ein paar Methoden mit auf den Weg[3].

[3] Der Rahmen eines Essentials lässt es nicht zu, eine erschöpfende Auswahl an Methoden vorzustellen – sofern das überhaupt geht. Ich habe eine kleine Auswahl getroffen, die Sie stetig erweitern sollten. Vergessen Sie dabei nicht: Reden lernt man nicht durch lesen, sondern nur durch reden. Bei der Anwendung gilt: Qualität vor Quantität – ein Gespräch wird nicht

Aufgabe

Bevor ich Ihnen ein paar Anregungen für Ihre nächste Gesprächsgestaltung gebe, sollten Sie sich Ihr vorhandenes Repertoire bewusst machen.

Welche Werkzeuge setzen Sie bereits erfolgreich ein?

Ich meine weniger die Methoden, die Sie andernorts gelernt oder gelesen haben, sondern vielmehr Ihre „natürliche Gesprächsbegabung." Sind Sie eher zurückhaltend oder herausfordernd, eher laut oder leise, eher schnell oder bedächtig im Gespräch?

Indem Sie sich Ihre Kompetenzen bewusst machen und diesen am besten auch noch Namen geben, können Sie sie gezielter einsetzen.

Bei Ihren eigenen wie den folgenden Gesprächsmethoden kann ich nur betonen, dass es nicht bessere oder schlechtere Instrumente und schon gar nicht „das Richtige" für eine Situation gibt. Mit Ihrem kommunikativen Werkzeugkasten verhält es sich genauso wie mit dem in Ihrem Hobbykeller: Der Hammer ist nicht besser als die Zange. Vielmehr macht jedes Werkzeug in der passenden Situation Sinn und mancher kann besser mit dem Hammer umgehen, mancher mit der Zange. Ich empfehle Ihnen, jede Methode mindestens dreimal auszuprobieren – im Anschluss entscheiden Sie sich, ob Sie diese in Ihr Repertoire aufnehmen oder nicht.

Metaebene

Die „Kommunikation über die Kommunikation". Auf der Metaebene geht es nicht um den Inhalt des Gesprächs, sondern um die Art und Weise wie die Gesprächspartner miteinander gesprochen haben, was sie gemeint und verstanden und wie sie auf all das reagiert haben. Man bespricht also explizit die Beziehung zwischen den Beteiligten und die Möglichkeiten, wie die Kommunikation gestaltet werden könnte. Bildlich gesprochen begibt man sich auf den Zuschauerrang und betrachtet von dort aus das „Schauspiel" der beobachteten Kommunikation. Immer wenn Sie im Gespräch nicht weiterkommen, lohnt sich ein Blick auf die Metaebene, um anschließend mit der neuen Perspektive wieder inhaltlich einzusteigen.

Skalierung

Aufgabe

Auf einer Skala von 1 bis 10: Wie gesund ist Ihr Führungsverhalten bislang?

- Was können Sie ändern, damit Sie einen Skalenpunkt weiter nach oben gelangen?

durch ein buntes Feuerwerk der methodischen Gestaltung professionell, sondern durch die passenden Werkzeuge an der richtigen Stelle.

- Was wäre geschehen, wenn Sie drei Skalenpunkte nach unten gesunken wären?

Durch die Arbeit mit Skalierungsfragen werden inhaltliche Aussagen greifbarer. Doch Vorsicht: Verwechseln Sie diese subjektiven Skalenwerte nicht mit den Ergebnissen empirischer Erhebungen. Sie drücken lediglich eine individuelle Tendenz aus. Für den Einen ist eine 8 das höchste der Gefühle, wohingegen der Andere bei einer 7 schon unzufrieden wird. Das Potential dieser Fragetechnik ist daher nicht der ermittelte Wert, sondern die inhaltlichen Überlegungen, die sich die Beteiligten bei dessen Diskussion machen.

Zirkuläre Fragen
Im Gegensatz zu *linearen* Fragen, bei denen jemand über sein eigenes Empfinden, seine Einstellung oder sein Wissen befragt wird, geht es bei zirkulären Fragen darum, seine Einschätzung über das Verhalten anderer wiederzugeben (Abb. 4.2).

- Was würde Ihr wichtigster Mitarbeiter antworten, wenn ich ihn nach der größten Stärke und der größten Schwäche seiner Führungskraft fragen würde?
- Wo sieht Ihr Geschäftsführer am meisten Entwicklungspotential bei Ihrer Führungsarbeit?
- Wie würde Ihr Kunde die Zusammenarbeit mit Ihnen beschreiben?

Der Fokus liegt hier auf den Beziehungen zwischen den Einzelnen und deren Sensibilisierung für die gegenseitige Wechselwirkung von Interaktionen. Dadurch wird einerseits ein „Hineinfühlen" in das Gegenüber, ein Perspektivenwechsel, erreicht. Andererseits können sich „Missverständnisse" leichter lösen. Und die lineare Antwort erfahren Sie zusätzlich.

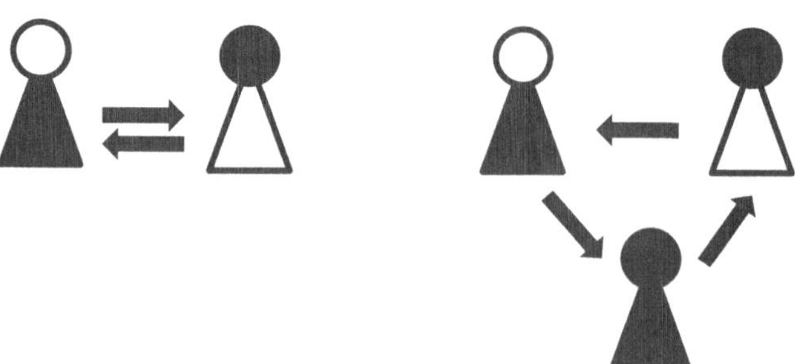

Abb. 4.2 Lineare vs. zirkuläre Frage, eigene Darstellung

Fragen nach vergangenen Lösungen
Wenn Sie für ein Problem nach neuen Lösungsmöglichkeiten suchen, lohnt sich durchaus der Blick zurück. Was schon einmal funktioniert hat, kann wieder klappen. Vielleicht müssen Sie den bekannten Weg etwas abändern oder Sie stellen fest, dass die vergangene Lösung in der aktuellen Situation nicht hilfreich ist. In jedem Fall sind Sie einen Schritt weiter. Bei der Suche nach erprobten Lösungen sollten Sie nicht nach vergleichbaren Problemen suchen. Im Gegenteil: Vor allem aus Situationen, die mit der jetzigen scheinbar nichts zu tun hatten, können Sie neue Ideen entwickeln und die Lösung für den aktuellen Gebrauch adaptieren.

Frage nach Ausnahmen
Immer wenn keine Lösung in Sicht ist, wenn es nur Schwierigkeiten gibt, die nie vorüber gehen werden – m. a. W.:Wenn Sie in einer Problemtrance[4] sind, dann lohnt es sich, nach Ausnahmen zu suchen. Dabei sind nicht die großen, sondern die kleinen Ausnahmen entscheidend:Wann war es nicht ganz so schlimm – wann ein bisschen besser? Wenn Sie eine Situation gefunden haben, die diese Bedingungen erfüllt, dann können Sie aus dieser Situation neue Impulse für das aktuelle Problem ableiten.

Verschlimmerungsfragen
Sie haben sicher auch schon einmal einen Scherenschnitt gesehen. Dabei wird ein Bild geschaffen, indem das Überflüssige vom schwarzen Blatt abgeschnitten wird. Was übrig bleibt ist ein perfektes Profilbild. Genauso verhält es sich mit dieser Fragetechnik, in der nicht die Lösung, sondern vielmehr das genaue Gegenteil so detailliert wie möglich beschrieben wird. Bei dieser Kreativitätstechnik ist es entscheidend, dass Sie ins Extrem fragen: Nicht nur ein bisschen schlimmer, sondern der absolute Albtraum, so dass Sie schon bei der Vorstellung eine unangenehme Gänsehaut bekommen. Wenn dieses Bild des Grauens gezeichnet ist, stellen Sie sich vor, was Sie dazu beigetragen haben. Jetzt überlegen Sie sich, wie Sie sich im Gegenteil verhalten könnten – und schon haben Sie hilfreiche Impulse für neue Lösungen.

Konstruktives Feedback
Üblicherweise findet Rückmeldung leider in der Form statt, dass gute Leistungen nicht oder nur als „okay" rückgemeldet werden. Getreu dem Grundsatz: „Nichts

[4] Die besten Hinweise für eine solche Problemverhaftung sind *Universalquantoren*. Sie sollten hellhörig werden, wenn Sie oder einer Ihrer Mitarbeiter zu oft von *immer, nie, alle, jeder, keiner* usw. sprechen.

gesagt ist gelobt genug.“ Dahingegen werden negative Eindrücke meist mit einer „schlechten“ Beurteilung versehen und als solche kommuniziert. Diese Form des Feedbacks ist für den *Feedbackgeber* relativ einfach und ermöglicht dem *Feedbacknehmer* kaum Wachstumsziele – die erhoffte Wirkung verpufft. Die Methode des konstruktiven Feedbacks verschafft dem Feedbacknehmer hingegen neue Anregungen, wie er seine Aufgaben anders, produktiver oder einfacher erledigen kann – es schafft Veränderungs- und Wachstumsmöglichkeiten. Die Hauptarbeit bei dieser Feedbackvariante liegt allerdings beim Feedbackgeber, der seine Rückmeldung reflektieren und bewusst vermitteln muss. Der formulierte Unterschied ist nicht groß – die Wirkung jedoch häufig beträchtlich, da der Feedbacknehmer zum Nachdenken und zum Umstrukturieren angeregt wird. Beim konstruktiven Feedback sollte auf die Einhaltung bestimmter Regeln geachtet werden:

- Der Feedbackgeber gibt seine *individuelle Wahrnehmung* wieder und keine „allgemeinen Wahrheiten“.
- Der Feedbackgeber wendet sich *direkt* an den Feedbacknehmer, spricht ihn direkt an.
- Der Feedbackgeber beginnt seine Rückmeldung mit *wertschätzenden* und zugleich authentischen Eindrücken (Es gibt immer etwas Positives zu beobachten!).
- Konstruktive *Kritik erfolgt in der Form eines Wunsches*, z. B.: „Ich wünsche Ihnen, dass Sie in Ihrem nächsten Gespräch selbstsicher auftreten.“
- Der Feedbacknehmer nimmt sich das für ihn Passende aus dem Gehörten heraus und rechtfertigt sich nicht.

Mein letzter Hinweis betrifft das größte Zauberwort, das die deutsche Sprache zu bieten hat. Es kommt in gut gemeinten, aber schlecht gemachten Feedbacks gerne zum Einsatz. Dieses Wort hat die Macht, alles was zuvor gesagt wurde augenblicklich aus dem Gedächtnis des Gegenübers zu löschen – egal was vorher gesagt wurde.

Aber

Dadurch können Sie auch das schönste Lob augenblicklich zerstören. Wir sind es gewohnt die Aussagen zwischen Lob und Kritik mit einem „aber“ zu verbinden – und machen damit zugleich die ganze Arbeit der wertschätzenden Rückmeldung zunichte. Versuchen Sie es daher beim nächsten Mal mit einem „und“. Es wird Ihnen etwas seltsam vorkommen. Doch nur dadurch verbinden Sie die zwei Anteile gleichwertig miteinander.

Aufgabe

Schließen Sie nun ein vorletztes Mal dieses Essential und schreiben Sie sich die letzten drei Fragen, die ich Ihnen stelle, in Ihr Notizbuch:

- Wie geht es mir?
- Was lasse ich da?
- Was nehme ich mit?

Machen Sie einen Spaziergang zu Ihrem Lieblingsplatz und notieren Sie sich dort Ihre Antworten.

Ein abschließender Tipp:

Ihre Gedanken rund um Ihre Gestaltung der Führungsarbeit enden nicht mit meinen Ausführungen. Bleiben Sie daher auch zukünftig Autor Ihrer Führungsgeschichte und investieren Sie Zeit für Ihr Notizbuch.

5 Fazit

Führung steht im Mittelpunkt einer gesunden Unternehmenskultur. Dort ist sie auf der zentralen Wirkungsebene eingebettet zwischen der Wirkungsebene der Mitarbeiter und der des Unternehmens. Sie stetig zu entwickeln, stellt somit die Kernaufgabe der Betrieblichen Gesundheitsförderung dar. Diese Wirkungsebenen stehen in einer stetigen Wechselwirkung zueinander, so dass Mitarbeiter mit Führungsverantwortung zwangsläufig einer doppelten psychischen Belastung ausgesetzt sind. Letztendlich profitiert also vor allem die Führungskraft selbst davon, wenn sie ihre Führungsarbeit gesund gestaltet.

Damit Führung gesund sein kann, sind Kopf, Herz und Hand der Führungskraft gefragt. Für den nachhaltigen Erfolg ist dabei weniger das fachspezifische Wissen, sondern vor allem das Wissen um die Wirkung, die Ziele und Entscheidungen bedeutsam. Hierfür sind beständige (Selbst-)Reflektion des eigenen Handelns, die Kenntnis um die eigene Persönlichkeit, ihre Bedürfnisse und Grenzen, eine notwendige Voraussetzung. Da Führung immer im sozialen Kontext stattfindet, sind Kompetenzen zur Gestaltung der zwischenmenschlichen Interaktion erforderlich. Eine professionelle Kommunikationsfertigkeit ist daher eine grundlegende Voraussetzung gesunder Führung.

Nicht nur für die Gesundheit einzelner Beteiligter, sondern für die gesamte Unternehmenskultur ist es enorm bereichernd, wenn die Möglichkeit zu gemeinsamer Reflektion gegeben und idealerweise sogar institutionalisiert wird. In einem Unternehmen hingegen, in dem Probleme aus Angst vor Sanktionen oder aufgrund unproduktiver Konkurrenz totgeschwiegen werden (nur um dann in schwierigen Zeiten wieder aufzuerstehen), wird nicht nur unmittelbar enormes Ideenpotential vergeudet, sondern auch mittelbar die psychische Gesundheit der Mitarbeiter gefährdet. Die Kommunikation der Beteiligten, die Haltung gegenüber Problemen und ihren Lösungen im Unternehmen, sowie der Umgang mit individuellen, Belastungen haben erheblichen Einfluss auf das Wohlbefinden. Wenn sich so viele

S. Hahnzog, *Gesunde Führung*, essentials, DOI 10.1007/978-3-658-10379-8_5

Beteiligte wie möglich ressourcenorientiert miteinander austauschen und dadurch miteinander in Kontakt treten, dann ist dies nicht nur ein wichtiger Beitrag für die Gesundheit, sondern sichert auch nachhaltig die Bindung der Mitarbeiter an das Unternehmen und die Entwicklung neuer Lösungen. Dadurch trägt gesunde Führung direkt zum wirtschaftlichen Erfolg des Unternehmens bei und sichert allen Beteiligten eine produktive Zukunft.

Was Sie aus diesem Essential mitnehmen können

- Für den Kopf:
  Wissen über Hintergründe und Gestaltungsmöglichkeiten gesunder Führung.
- Für das Herz:
  Ein persönliches Notizbuch mit Ihren eigenen *Gedanken* zu gesunder Führung.
- Für die Hand:
  Ein *methodischer Werkzeugkoffer* zum Ausbau Ihrer gesunden Führungsarbeit.

S. Hahnzog, *Gesunde Führung*, essentials, DOI 10.1007/978-3-658-10379-8

Zum Weiterlesen

Hahnzog, S. (Hrsg.). (2014). *Betriebliche Gesundheitsförderung – Das Praxishandbuch für den Mittelstand*. Wiesbaden: Springer-Gabler.
Hahnzog, S. (2015). *Psychische Gefährdungsbeurteilung – Impulse für den Mittelstand*. Wiesbaden: Springer-Gabler.

Literatur

Amabile, T. M., & Kramer, S. J. (2013). Der Sinn der Arbeit. *Harvard Business Manager*. http://www.harvardbusinessmanager.de/meinungen/artikel/a-883973.html. Zugegriffen: 8. April 2015.

Antonovsky, A. (1997). *Salutogenese. Zur Entmystifizierung der Gesundheit*. München: dgvt-Verlag.

Beivers, A. (2014). Was ist Gesundheit und wer soll sie erhalten? In S. Hahnzog (Hrsg.), *Betriebliche Gesundheitsförderung – Das Praxishandbuch für den Mittelstand* (S. 13–21). Wiesbaden: Springer-Gabler.

Boeckhorst, F. (1988). *Strategische Familientherapie*. Dortmund: modernes lernen.

Bowers, D. G., & Seashore, S. E. (1966). Predicting organizational effectiveness with a four-factor theory of leadership. *Administrative Science Quarterly, 2*, 238–263.

Braig, W., & Wille, R. (2010). *Mitarbeitergespräche – Gesprächsführung aus der Praxis für die Praxis*. Zürich: Orell Fuessli.

Bright, D., & Parkin, B (1997). *Human resource management – concepts and practices*. London: Business Education Publishers Ltd.

Bundesanstalt für Arbeitsschutz und Arbeitsmedizin (BAuA). (Hrsg.). (2013). Kein Stress mit dem Stress. http://psyga.info/ueber-psyga/materialien/praxisordner-fuer-fuehrungskraefte/. Zugegriffen: 10. April 2015.

Comelli, G., & Rosenstiel, L. v. (2009). *Führung durch Motivation: Mitarbeiter für die Ziele des Unternehmens gewinnen*. München: Vahlen.

De Shazer, S., & Dolan, Y. (2013). *Mehr als ein Wunder – Lösungsfokussierte Kurzzeittherapie heute*. Heidelberg: Carl Auer.

Deal, T. E., & Kennedy, A. A. (1982). *Corporate cultures*. Reading.

S. Hahnzog, *Gesunde Führung*, essentials, DOI 10.1007/978-3-658-10379-8

European Agency for Safety and Health at Work (EU-OSHA). (2013). Wellbeing at work: Creating a positive work environment. https://osha.europa.eu/en/publications/e-facts/e-fact-76-wellbeing-at-work/view. Zugegriffen: 29. April 2015.

F.A.Z.-Institut für Management-, Markt- und Medieninformation. (2012). Themenkompass 2012– Gesundheit im Unternehmen. http://www.sdk.de/files/Studie_GesundheitImUnternehmen_Ergebnispraesentation.pdf. Zugegriffen: 28. April 2015.

Fischer-Epe, M. (2004). *Coaching: Miteinander Ziele erreichen*. Reinbek: rororo.

Gallup. (2014). Engagement Index Deutschland 2013. http://www.gallup.com/de-de/181871/engagement-index-deutschland.aspx. Zugegriffen: 28. April 2015.

Hahnzog, S. (2014a). Ressource: Ich! Persönlichkeitsentwicklung als Belastungsprävention. In S. Hahnzog (Hrsg.), *Betriebliche Gesundheitsförderung – Das Praxishandbuch für den Mittelstand* (S. 215–227). Wiesbaden: Springer-Gabler.

Hahnzog, S. (2014b). Supervision – Gemeinsam Lösungen entwickeln. In S. Hahnzog (Hrsg.), *Betriebliche Gesundheitsförderung – Das Praxishandbuch für den Mittelstand* (S. 299–308). Wiesbaden: Springer-Gabler.

Huber, A. (2014a). Das Betriebliche Eingliederungsmanagement. In S. Hahnzog (Hrsg.), *Betriebliche Gesundheitsförderung – Das Praxishandbuch für den Mittelstand* (S. 59–73). Wiesbaden: Springer-Gabler.

Huber, A. (2014b). Mediation – Verstehen vermitteln. In S. Hahnzog (Hrsg.), *Betriebliche Gesundheitsförderung – Das Praxishandbuch für den Mittelstand* (S. 261–276). Wiesbaden: Springer-Gabler.

Insam, A. (2012). Konfliktkostenstudie II. http://www.kpmg.de/Publikationen/30558.asp. Zugegriffen: 29. April 2015.

Jonas, K., Stroebe, W., & Hewstone, M. (2007). *Sozialpsychologie*. Heidelberg: Springer.

Kehr, H. M. (2005). Das Kompensationsmodell von Motivation und Volition als Basis für die Führung von Mitarbeitern. In R. Vollmeyer & J. Brunstein (Hrsg.), *Motivationspsychologie und ihre Anwendung* (S. 131–150). Stuttgart: Kohlhammer.

Knieps, F., & Pfaff, H. (Hrsg.). (2014). BKK Gesundheitsreport 2014. http://www.bkk-dachverband.de/publikationen/bkk-gesundheitsreport/. Zugegriffen: 1. April 2015.

König, E., & Vollmer, G. (2008). *Handbuch Systemische Organisationsberatung*. Weinheim: Beltz.

Meyer, J. P., & Allen, N. J. (1991). A three-component conceptualization of organizational commitment. *Human Resource Management Review, 1,* 61–89.

Möller, H. J., Laux, G., & Deister, A. (2013). *Psychiatrie, Psychosomatik und Psychotherapie*. Stuttgart: Thieme.

Pieper, R. (2014). *Arbeitsschutzgesetz – Basiskommentar zum ArbschG*. Frankfurt a. M.: Bund.

Pinnow, D. (2011). *Unternehmensorganisation der Zukunft – Erfolgreich durch systemische Führung*. Frankfurt a. M.: Campus.

Radatz, S. (2013). *Relationales Mitarbeitercoaching und Mitarbeiterbegleitung*. Wien: literatur-vsm.

Rigotti, Th, Holstad, T., Mohr, G., Stempel, Ch., Hansen, E., Loeb, C., Isaksson, K., Otto, K., Kinnunen, U., & Perko K. (2014). *Rewarding and sustainable health-promoting leadership*. Dortmund: Bundesanstalt für Arbeitsschutz und Arbeitsmedizin (BAuA).

Sackmann, S. (2004). *Erfolgsfaktor Unternehmenskultur*. Wiesbaden: Gabler.

Schlippe, A. v., & Schweitzer, J. (2003). *Lehrbuch der systemischen Therapie und Beratung*. Göttingen: Vandenhoeck & Ruprecht.

Schmidt-Huber, M., & Tippelt, R. (2014). Born to be leader? – Auf der Suche nach den Wurzeln guter Führung. Roman Herzog Institut. http://www.romanherzoginstitut.de/publikationen/details/?no_cache=1&tx_mspublication_pi1[showUid]=114&cHash=7004c32f81b02812c8d6f3d75d20b55a. Zugegriffen: 8. April 2015.

Stark, S., & Maragkos, M. (2014). „Bist Du krank?!" – Psychische Störungen im Arbeitsleben. In S. Hahnzog (Hrsg.), *Betriebliche Gesundheitsförderung – Das Praxishandbuch für den Mittelstand* (S. 201–214). Wiesbaden: Springer-Gabler.

Statistisches Bundesamt. (2010). Gesundheit – Krankheitskosten. Wiesbaden. https://www.destatis.de/DE/ZahlenFakten/GesellschaftStaat/Gesundheit/Krankheitskosten/Krankheitskosten.html#Tabellen. Zugegriffen: 29. April 2015.

Strasser, A., Rawolle, M., & Kehr, H. M. (2011). Wie Visionen wirken – Wissenschaftler untersuchen Motivation durch mentale Bilder. *Wirtschaftspsychologie aktuell, 2*(2011), 9–13.

TÜV SÜD Life Service. (2011). Gesundheitsmanagement im Mittelstand. In EuPD Research (Hrsg.), *Corporate Health Jahrbuch. Betriebliches Gesundheitsmanagement in Deutschland* (S. 72–77). Bonn: Hoehner Research & Consulting.

Weltgesundheitsorganisation (WHO). (2014). Verfassung der Weltgesundheitsorganisation. http://www.gesetze.ch/sr/0.810.1/index.htmn. Zugegriffen: 10. April 2015.

Werth, L., & Mayer, J. (2008). *Sozialpsychologie*. Heidelberg: Spektrum.

Wippermann, P., & Krüger, J. (Hrsg.). (2013). *Werte-Index 2014*. Frankfurt a. M.: Deutscher Fachverlag.

Wölfl, I. (2014). Coaching von Führungskräften. In S. Hahnzog (Hrsg.), *Betriebliche Gesundheitsförderung – Das Praxishandbuch für den Mittelstand* (S. 151–164). Wiesbaden: Springer-Gabler.